四川省南充市科技局基础研究课题（项目批准号：18SXHZ0199）资助

基本医疗保险基础理论与实践研究

蓝 英 ◎ 编著

西南交通大学出版社
·成 都·

图书在版编目（CIP）数据

基本医疗保险基础理论与实践研究 / 蓝英编著. —成都：西南交通大学出版社，2020.7
ISBN 978-7-5643-7493-8

Ⅰ. ①基… Ⅱ. ①蓝… Ⅲ. ①基本医疗保险 – 研究 – 四川 Ⅳ. ①F842.613

中国版本图书馆 CIP 数据核字（2020）第 117356 号

Jiben Yiliao Baoxian Jichu Lilun yu Shijian Yanjiu
基本医疗保险基础理论与实践研究
蓝英　编著

责 任 编 辑	孟　媛
封 面 设 计	原谋书装
出 版 发 行	西南交通大学出版社 （四川省成都市金牛区二环路北一段 111 号 　西南交通大学创新大厦 21 楼）
发行部电话	028-87600564　028-87600533
邮 政 编 码	610031
网　　　址	http://www.xnjdcbs.com
印　　　刷	成都勤德印务有限公司
成 品 尺 寸	170 mm × 230 mm
印　　　张	11
字　　　数	204 千
版　　　次	2020 年 7 月第 1 版
印　　　次	2020 年 7 月第 1 次
书　　　号	ISBN 978-7-5643-7493-8
定　　　价	88.00 元

图书如有印装质量问题　本社负责退换
版权所有　盗版必究　举报电话：028-87600562

前言

卫生总费用是以货币形式作为计量手段,全面反映一个国家或地区在一定时期内(通常为 1 年)为全社会用于疾病预防、治疗、康复和健康教育等卫生服务所消耗的资金总额。从筹资来源法角度讲,卫生总费用分为政府卫生支出、社会卫生支出、居民个人卫生支出三类。按照国家医改相关规定,要逐步增加政府卫生支出和社会卫生支出比重,降低居民个人卫生支出比重。1980 年以来,政府卫生支出占卫生总费用的比重经历了先下降后快速上升的演变过程,到 2016 年其占卫生总费用的比重达到 30.01%。从资金用途角度讲,政府卫生支出主要用于医疗保障、医疗卫生服务、行政管理事务支出和人口与计划生育事务四个方面的资金支出,2016 年四项支出占比分别为 46.7%、42.2%、5.7%、5.4%,即接近 50% 的政府卫生经费都用在了医疗保障上。

我国分别在 1998 年、2003 年、2007 年实行了城镇职工基本医疗保险、新型农村合作医疗保险和城镇居民基本医疗保险,这些构成了相当长一段时期内医疗保险体系的主要内容,到 2010 年全国实现了医保制度的全覆盖。2016 年,三项医疗保险基金支出达到 17 720.6 亿元,占当年国内生产总值(GDP)的 2.79%。据《中国卫生统计年鉴》数据资料推算,新医改以来三项基本医疗保险基金支出总额年均增长率超过 GDP 年均增长 10.2 个百分点,超过国家一般公共预算财政支出 9.1 个百分点。居民人均卫生支出占人均消费性支出的比例维持在 12%~14% 之间;人均卫生支出年均增长率超过人均可支配收入,人均卫生支出占其人均收入的比重较高。

一方面,医疗保险基金支出总额快速增长;另一方面,居民疾病经济负担并不轻松,"看病难看病贵"问题依然存在。在有限的医保基金支出预算前提下,如何提高医保基金的使用效率,确保医保基金平稳可持续运行,降低居民的疾病经济负担,让人民看得起病而不至于因病致贫和因病返贫,维护居民健康权利,提高其生存质量,提升老百姓在全面建成小康社会过程中的获得感值得进一步深入研究。

本书的主要内容及结构安排如下:

第一章首先介绍研究背景和选题意义,接着梳理国外医疗保险主要模式和国内医疗保险研究现状,然后界定了本书的研究对象,说明拟采用的研究方法,归纳主要研究结论。

第二章主要梳理社会保障、社会保险、社会医疗保险等核心概念,接着介绍现行基本医疗保险体系以及基本医疗保险基金的筹集和支付情况。

第三章主要分析基本医疗保险现状,主要实证分析了基本医疗保险的城乡和区域差距。第一节首先从全国角度出发,梳理了三大医疗保险运行情况,发现我国医疗保险服务的城乡差距非常明显。第二节根据数据的可得性和连续性原则,主要梳理对比了我国东中西部地区城镇职工医疗保险运行情况和新型农村合作医疗保险运行情况。或许受经济发展水平影响,东部城镇职工医保基金收入总额明显高于中部和西部,是中西部的三至四倍。人均城镇职工医保基金支出由高到低排序为西部—东部—中部。无论从新型农村合作医疗保险的筹资水平还是人均受益人次比较,东部都最高。由此看出医疗保险的地区差距还是比较明显的。

第四章第一节首先以不同学科视角从理论上阐述效率理论,然后解析了医疗保险基金的使用效率含义。在此基础上探讨了当前我国医疗保险基金使用效率现状,发现当前医疗保险基金使用效率还有较大提升空间,并简要分析了影响医疗保险基金使用效率的主要原因,也就是第二节的主要内容。第三节主要梳理美国、英国、澳大利亚等国关于医疗保险基金使用效率的评价研究。而国内关于医疗保障(险)效率的评估相对较晚,主要分为三个层次:从宏观上研究医疗保障制度本身的效率以及医疗保障(险)效率与公平的关系,从中观上研究三大基本医疗保险的效率评价,从微观上研究政府卫生支出的绩效。第四节则借鉴国内外关于医疗保险基金使用效率的评价方法,以我国官方公布的数据资料为基准，同时从医疗保险基金的技术效率、产出效率和结果效率三个层面实证分析近年来医疗保险基金的使用效率后得出结论：过去几十年来医疗卫生改革取得的成绩是显著的。总体上看，医疗保险基金的技术效率和产出效率都是可观的，其结果效率也是显著的。但是，医疗保险基金的技术效率、产出效率和结果效率都表现出明显的城乡差距。

第五章首先介绍风险管理相关理论，推导出医疗保险市场同样具有风险，因而医疗保险基金风险控制有其客观必要性。此外，分析了我国人口老龄化问题、基金结余问题等医疗保险基金运行存在的潜在或现实风险。在分析借鉴国外医疗保险基金风险控制成功经验的基础上，创造性地构建了由政府、基金管理机构、患者、医疗机构和医药企业五个主体组成的医疗保险基金风险控制系统模型，最后提出控制医疗保险基金风险各主体应当采取的措施建议。

第六章首先从理论上论述医疗保险市场的逆向选择及道德风险对医疗保险基金收支平衡的危害，然后对学界关于医疗保险基金收入和支出可持续发展研究进行述评，最后选取2001—2017年四川省城镇职工医疗保险基金收入和支出样本数据，采用时间序列模型进行建模做实证分析，之后对2018—2040年城镇职工医疗保险基金的收入和支出进行预测得出结论：只要保持现有医保基金收支政策的延续性，医保基金收支是可持续的，不会发生失衡风险。

第七章在吸收借鉴前人研究的基础上，作者认为医疗费用不断上涨的原因，总体上来自医保、医疗、医药即传统的"三医"、社会经济因素及患者本人因素五个方面。医疗保险使医疗服务价格相对下降，人们医疗需求得到一定的释放，原本看不起病的人们开始利用医疗资源。同时，随着保障水平以及居民收入水平的提升，部分医疗服务需求者存在过度利用医疗资源的倾向，从而出现道德风险问题，导致医疗费用不合理增长。现有医保的管理模式和结算模式都有可能增加医疗费用。卫生服务需求的特点、医疗技术的更新换代、医院的经营模式以及生存环境都有可能增加医疗费用。老龄化、经济增长及人民收入水平的提高带来卫生服务需求前所未有的释放、疾病谱的改变、患者的就医习惯、"预防重于治疗"卫生工作方针的落实不力等都将增加医疗费用。

最后以人均基本医疗保险基金为被解释变量，选取人均 GDP 代表经济发展水平，65 岁以上人口所占比例代表老龄化速度，城镇化率代表城镇化速度，用卫生机构数、医疗卫生机构住院病人手术人次、医院平均住院日、平均每所公立医院医疗收入、医院住院病人人均医药费用代表医疗机构对医疗保险基金的影响以及性别比共九个指标作为解释变量，实证分析了基本医疗保险基金，发现：公立医院的医疗收入直接导致我国医疗保险基金支出不断上涨，而人均 GDP、65 岁以上人口所占比例、城镇化率、卫生机构数、医疗卫生机构住院病人手术人次、医院平均住院日、医院住院病人人均医药费用及性别比等因素都通过公立医院的医疗收入间接地影响我国的医疗保险基金。控制医疗保险基金增长态势的关键是要控制公立医院的医疗收入。

本书的创新之处有以下三点：

第一，构建了由政府、基金管理机构、医疗机构、医药企业和患者五个主体组成的医疗保险基金风险控制系统模型，分析了各主体之间的相互关系及作用机理。为提高对医院的监管效果，提出了组建由多学科背景的专家（代表）构成的第三方机构的建议，具体可考虑由医生、医学院校的知名教授、药企企业家、医保机构经办人员、专业会计和审计人员及典型疾病的部分患者等组成。

第二，在研究医疗费用上涨原因时，系统分析了来自医疗、医保、医药即传统的"三医"、社会经济因素及患者自身各方面原因，在理论分析之后还做了实证分析。

第三，本书研究对象为基本医疗保险，研究范围有"点"有"面"，既有研究全国基本医疗保险问题，也有研究区域基本医疗保险问题。

本书是作者在前期主要科研工作的基础上总结撰写而成的，但限于科研条件及作者本身学识和能力水平，难免存在疏漏。如实证分析多使用官方公布的统计数据，不是亲自做调查所得的一手数据。所有不足之处，恳请同行和读者批评指正，本人不胜感激。

蓝 英
2019 年 11 月

目 录

第一章 绪 论 ·· 1
   第一节 研究背景及意义 ··· 1
   第二节 国外医疗保险主要模式 ·· 2
   第三节 国内医疗保险研究现状 ·· 9
   第四节 研究内容及主要研究结论 ··· 22

第二章 医疗保险相关理论 ·· 27
   第一节 社会医疗保险 ·· 27
   第二节 现行基本医疗保险体系 ·· 31
   第三节 现行基本医疗保险基金筹集 ··· 35
   第四节 现行基本医疗保险基金支付 ··· 39

第三章 基本医疗保险现状 ·· 41
   第一节 基本医疗保险的城乡差异 ··· 41
   第二节 基本医疗保险的地区差距 ··· 46

第四章 医疗保险基金效率评价 ··· 51
   第一节 效率理论 ··· 52
   第二节 医疗保险基金的使用效率 ··· 55
   第三节 国内外医疗保险基金使用效率等相关问题研究 ················ 59
   第四节 医疗保险基金使用效率实证分析 ···································· 70

第五章 医疗保险基金风险控制研究 ·84

- 第一节 风险管理相关理论 ·84
- 第二节 医疗保险基金风险控制的必要性 ·89
- 第三节 国外医疗保险基金控制发展趋势 ·96
- 第四节 医疗保险基金控制 ·98

第六章 医疗保险基金收支平衡及可持续发展研究 ·108

- 第一节 医疗保险市场的逆向选择和道德风险 ·108
- 第二节 医疗保险基金收支平衡及可持续发展研究述评 ·118
- 第三节 四川省城镇职工医疗保险基金收支平衡实证分析 ·128

第七章 医疗费用不断上涨原因 ·137

- 第一节 医疗保险或可导致医疗费用上涨 ·137
- 第二节 医疗机构及医疗服务或可助推医疗费用不断上涨 ·141
- 第三节 医药生产流通环节导致药品价格上涨 ·145
- 第四节 社会经济因素导致医疗费用上涨 ·150
- 第五节 患者本人就医习惯导致医疗费用上涨 ·153
- 第六节 医疗费用实证分析 ·155

参考文献 ·161

第一章 绪 论

第一节 研究背景及意义

卫生总费用（Total Health Expenditure）是以货币形式作为计量手段，全面反映一个国家或地区在一定时期内（通常为 1 年）为全社会用于疾病预防、治疗、康复和健康教育等卫生服务所消耗的资金总额。从筹资来源法角度讲，卫生总费用分为政府卫生支出（Government Health Expenditure）、社会卫生支出（Social Health Expenditure）、居民个人卫生支出（Out-of-Pocket Health Expenditure）三类。我国卫生总费用从 1980 年的 143.23 亿元增长到 2016 年的 46 344.88 亿元，从绝对数上看增长达 300 倍。按照国家医改相关规定，要逐步增加政府卫生和社会卫生支出的比重，降低居民个人卫生支出的比重。1980 年以来，政府卫生支出占卫生总费用的比重经历了先下降后快速上升的演变过程，到 2016 年占卫生总费用的比重达到 30.01%。政府卫生支出主要用于医疗保障、医疗卫生服务、行政管理事务支出和人口与计划生育事务四个方面，2016 年四项支出占比为 46.7%、42.2%、5.7%、5.4%。

我国分别在 1998 年、2003 年、2007 年实行了城镇职工基本医疗保险、新型农村合作医疗保险和城镇居民基本医疗保险，这些构成了相当长一段时期内医疗保险体系的主要内容。2016 年，三项医疗保险基金支出达到 17 720.6 亿元，占当年国内生产总值（GDP）的 2.79%。据《中国卫生统计年鉴》数据资料推算，新医改以来三项基本医疗保险基金支出总额年均增长率超过 GDP 年均增长 10.2 个百分点，超过国家一般公共预算财政支出 9.1 个百分点。居民人均卫生支出占人均消费性支出比例维持在 12%~14%之间；人均卫生支出年均增长率超过人均可支配收入，人均卫生支出占其人均收入的比重较高。

一方面，医疗保险基金支出总额增长较快；另一方面，居民疾病经济负担并不轻松，"看病难看病贵"问题依然存在。在有限的医保基金支出预算前提下，如何提高医保基金的使用效率，确保医保基金平稳可持续运行，降低居民的疾病经济负担，维护居民健康权利，提高其生存质量，提升老百姓在全面建成小康社会过程中的获得感，值得进一步深入研究。

第二节 国外医疗保险主要模式

一、医疗保险模式

（一）主要国家医疗保险模式

到 20 世纪末，国际基本医疗保障制度主要有三种代表性模式：一是政府主导模式，以英国为代表；二是市场主导模式，以美国为代表；三是社团主导模式，以德国为代表。按照哈贝马斯（1999）关于公共权力领域和私人自治领域的划分，可以进一步把基本医疗保障制度的典型模式分为政府主导的全民医保和私人领域主导的医保两条道路，这里的私人领域包括市场和社团。2007—2012 年间，基本医疗保障制度的三个代表性国家先后通过了医改法案，上述大国的基本医疗保障制度当前已不存在纯粹的政府主导或纯粹的私人领域主导，而是二者有机结合。

1. 英国模式

英国自 1948 年建立起国民健康服务体系（National Health Service，NHS），即国家医疗保障制度。医疗保障制度与医疗服务密不可分，英国是世界上典型的实行国家医疗保障制度的国家，其医疗保障体系以国民健康服务系统为主，商业健康保险为辅。国民健康服务系统的经费主要通过一般税和国民保险税筹措（丁纯，2009）。政府负责管理医保基金，举办公立医院，支付 NHS 医疗服务人员报酬，并根据集体负责的原则，向全体国民提供近乎免费使用的全面医疗服务。通过国营化，NHS 系统把国民健康保险、医疗救助和医疗服务的提供混为一体。这种国家医疗保障主导模式一直持续到 2012 年卡梅伦医改之前。2012 年 3 月，由英国卡梅伦政府推动的《健康与社会医疗法案》（Health and Social Care Act）获得签署后生效。卡梅伦政府实施医改的目的是通过强化 NHS 体系内部的竞争，以提高国民健康服务系统效率并削减开支。内容可概括为以下四个方面：

第一，以民间社团作为 NHS 运营的核心。在英国各地成立医师受托管理公会（Clinical Commissioning Groups，CCGS），其性质是法定公众团体（Statutory Public Body），不准营利，实行会员制。全科医生（General Practitioners，GP）必须成为医师受托管理公会的会员，专科医生、专业护士和非专业人士也可加入。医师受托管理公会成为 NHS 医疗基金的管理机构，负责掌管 NHS 的大部分预算，代表患者利益，对患者所需的医疗服务进行规划和设计，作为购买方向专科医生和医院等付费，签署专科和住院医疗服务合同并监督其执行，促进医疗服务的整合。

第二，成立新的政府机构——NHS 管理委员会（NHS Commissioning Board），负责对医师受托管理公会实施监管，并负责管理初级医疗保健服务（Primary Care Services）。要求英国医疗质量评估学会（The National Institute for Health and Care Excellence，NICE），负责对各地医师受托管理公会的管理质量和效果进行评估。

第三，减少中央集权。将国民健康服务系统的公共卫生职能交给了地方行政当局负责。减少 NHS 的"官僚层级"，取消 151 家初级卫生保健信托机构（Primary Care Trust，PCT）和 10 家战略卫生署（Strategic Health Authority，SHA），由医师受托管理公会取而代之（此法案只限于英格兰）。

第四，加强医疗机构之间的竞争。所有的 NHS 医院成为基金会信托机构，为了从医师受托管理公会获得合同而相互竞争。鼓励私立医院与 NHS 竞争病人和服务。

2. 美国模式

美国的医疗保障属于市场主导型，主要通过雇主和雇员购买私人医疗保险来筹资，医疗服务几乎由私营医疗机构来提供。在美国，由政府提供的基本医疗保障计划包括三类，分别是联邦医疗照顾计划（Medicare）、医疗救助计划（Medicaid）以及军人医疗保健计划。联邦医疗照顾计划面向65岁以上的老人、严重残障人士及需要做肾脏透析的病人等。医疗救助计划面向贫困个人以及低收入家庭。绝大多数美国人被排除在政府医疗保障计划之外，只能通过购买私营健康保险获得基本医疗保障。奥巴马医改前美国自愿私营健康保险在覆盖面上占据主导地位。

2010年3月，在奥巴马政府的推动下，健康保险从自愿私营走向"强制与私营相结合"。患者保护与可负担医疗法案（The Patient Protection and Affordable Care Act，PPACA）被签署为法律。奥巴马医改法案既实现了医疗保障的强制全覆盖，使得以中低收入阶层为主的四千多万没有健康保险的国民可以享有医疗保障；又保留了私营体制在基本医疗保障覆盖面上的主流地位。其主要内容有：

第一，引入强制保险，包括强制参保和强制承保的要求。强制参保规定从2014年开始，符合条件的每一名美国公民必须投保，否则将被处以罚款。强制承保要求PPACA法案规定私营保险机构不得以客户健康状况为由拒保或收取高额保费。一是禁止私营保险机构基于健康状况进行区别定价。二是对保险公司基于年龄和健康习惯实施的区别定价幅度加以限制。三是要求私营保险机构保单提供终生保障条款。四是把保险等待期限制在90天之内（从2014年1月1日起）。五是保险机构提高健康险保费将受到审核。六是2010年以后，所有保险公司不仅要公布医药费用赔付支出，还要公布其他费用支出，2011年起大型团体保险计划的医疗赔付率不低于85%，小型团体保险计划和个人保险计划的医疗赔付率不低于80%，否则要求保险公司退还一定的保费（朱铭来等，2010）。

第二，完善私营保险竞争机制。一是设立健康保险交易所。那些被排除在政府医疗保障计划之外、又不能获得雇主保险计划的人们可以通过保险交易所购买医疗保障。交易所最初主要为个人和小型雇主购买基本医保计划提供服务，在实施几年后，可以向大型雇主开放。交易所建立了统一的承保和费率规则，推行基本医保计划的标准化，实现众多私营保险机构基本医保计划的集中上市，增强了市场竞争。交易所还对拟上市的基本医保计划进行合格认证，减少了参保人的交易成本。二是建立风险平衡机制。美国全部人口中的医药费用分布是高度不对称的，在强制私营健康保险的运营中，法律要求私营保险机构不得基于健康状况进行区别定价，这将导致一部分私营保险机构因为接受高风险投保人过多而出现高赔付，因此有必要建立风险平衡机制，对接受高风险投保人的私营保险机构进行补偿，为私营保险机构之间的公平竞争创造条件。

3. 德国模式

自1883年俾斯麦时期的德国国会通过《工人疾病保险法》以来，德国医疗保险制度历经百余年的历史，不断发展和演进，成为社会保险型医疗保障模式的典范，并为包括中国在内的诸多国家所效仿。现行的德国医疗保险制度以法定医疗保险（Gesetzliche Krankenversicherung，GKV）为主、私人医疗保险（Private Krankenversicherung，PKV）为辅。自2009年起，德国所有国民和永久居民都被强制性地纳入该医疗保险体系中。以法定医疗保险为主体的德国医疗保障制度，有力地保障着民众的健康。在世界卫生组织的评估中，德国医疗卫生体系的整体满意度、筹资公平性和健康保障目标实现方面都居世界前列。

德国的法定医疗保险机构，即法定医疗保险的支付方，直译为"疾病保险基金（德语：Krankenkassen）"，是具有独立公法法人地位和相应的权利及责任的自治管理主体。目前共有六大类、134个相互竞争的疾病基金作为法定医疗保险的支付方。不同类别由可溯及不同的历史背景、各异的法律地位，相沿成习，发展至今已无实质性的差别，被保险人有在其中大部分基金间自由选择参保的权利。德国的法定医疗保险以自治管理为主要特征。德国法定医疗保险谈判以利益相关者的自治管理、共同参与为基础，国家只提供法律框架和监督，具体的实施和细节的拟定则交由自治管理的疾病基金和医疗服务提供者。这些彼此制衡的利益相关者通过不同层面的平等互动、透明协商，取得共识和平衡点，共同治理医疗保险系统。

德国社会医疗保障实行的是家庭共同保险政策，"一人参保，全家受益"。目前法定医疗保险的保费缴纳只与收入水平有关，而且对于所有参加保险的人实行的是相同的收入百分比，同时根据社会经济发展状况每年进行调整。德国现行社会医疗保险资金筹集制度在老龄化和人口数量不断下降的压力下亟须改革。改革的目的是把目前的法定医疗保险与私人医疗保险并存的双轨制转变为社会医疗保险单轨制，并在结合其他配套措施的基础上由传统社会福利国家转向现代社会保险国家。改革的核心是探讨目前家庭共同保险制度框架下的少年儿童和不工作的配偶是否继续仍然不用缴纳保费而享有保险。目前存在着三种可供选择的改革方案，即单一的社会医疗保险模式、按人头计算保险费用模式、按风险程度支付保险费用模式。

4. 日本模式

日本的医疗保险制度是通过一系列的医疗保险组织实施的。日本的医疗保险组织从大的方面来看，可分为两大类：一类是以产业工人、政府机关工作人员、公共事业人员等在职职工及家属为对象，叫作职工医疗保险，亦称雇佣者医疗保险或职域保险。另一类是以农民、自由职业者等为对象，叫作国民健康保险或地域保险。实际上，不同医疗保险制度之间也有相互交叉的部分。一般而言，被雇用者退休后，即可作为被赡养者（家属）参加被雇用者保险，也可作为国民健康保险的被保险者。因此，根据选择的不同，可以由一种保险类型转变为另一种保险类型。除了上述医疗保险以外，日本有专门针对企业退休人员和老年人的医疗费调节制度，它们是由各医疗保险制度共同上缴的资金以及公费为财源，由市町村负责运营的"老年人保健"制度，以及以被雇用者保险提供资金为主要财源，由国民健康保险负责实施的"退休者医疗制度"。

另外，因工作或上班途中导致的负伤、疾病、残疾以及死亡等职业伤病，主要根据《劳动基准法》和《劳动者伤害补偿法》，由劳动灾害保险提供医疗，患者的医疗费可全额报销；因工作以外的其他原因引起的伤病等进行的治疗和康复护理，以及为达到预防疾病目的而进行的医疗活动，则主要通过职业型医疗保险来提供。并且，日本还有全额由国家和地方政府负担的公费医疗制度。如因战争伤病、原子弹受害者等的医疗费、根据结核病防治法接受强制隔离治疗的结核病人的医疗费等，全部由公费支付。除此之外，还有对低收入者、身体残疾者以及社会弱势群体补贴或减免医疗费用的制度规定。

日本医疗保险的管理体制，由政府实行立法、指导、组织、监督，具体由厚生省（日本负责医疗卫生和社会保障的主要部门）有关厅局实施。各类制度各自独立管理。日本的医疗保险费主要是由国家、企业单位和个人三者共同负担。各种医疗保险的筹资方式和水平各不相同。

5. 瑞典模式

众所周知，瑞典是个高收入、高福利、高税收的国家。高税收是建立从"摇篮到坟墓"的高福利的基金来源。在瑞典，每个公民一出生就会获得一个终生纳税号码，类似于国内的身份证号码。通过这个税务号码，税务机关可以掌握纳税人的一切经济活动、收入取得及财产状况。公民在银行开户、缴纳社会保险学费等均需提供税务号码，成为个人及企业生存和发展的基础。税务机关及相关部门要掌握纳税人的纳税情况、个人的社会征信信息等都可以通过税务号码进行查询。正是由于这样严格监管、信息共享的社会税务号码，使得瑞典的各项基金有了坚实的经济基础。

一般来讲，医疗保险基金的筹资模式主要包括国家卫生服务模式、社会医疗保险模式、商业医疗保险模式和储蓄型医疗保险模式四大类，它们的区别见表1-1。

表1-1 四类医疗保险模式的区别

保险模式	主要责任主体	主要资金来源	保障对象	权利义务关系
国家卫生服务模式	国家（政府）	财政、税收	全体公民	不对等
社会医疗保险模式	企业和雇员	企业和雇员	法律规定的投保人员	相对对等
商业医疗保险模式	个人	个人和企业	个人	对等
储蓄医疗保险模式	个人	个人	个人	对等

瑞典是采用国家卫生服务模式的典型北欧国家之一。医疗保障基金的筹资模式一般有现收现付制、完全积累制和部分积累制。瑞典的医疗保险基金采取的现收现付制。现收现付制是指：一种以近期横向收支平衡为指导原则的社会医疗保险基金筹集方式，由医疗保险机构按所需支付的待遇总额进行社会筹资，一般由雇主和雇员按工资总额的一定比例缴纳社会保险税。其最大的特点是体现了税收的社会再分配功能，极大地促进和维护了社会公平。

（二）医疗保险改革的"第三条道路"

"第三条道路"最初由吉登斯（2000）指出。到20世纪90年代末，欧美发达国家社会保障制度存在两条不同的道路，一是古典的社会民主主义道路，强调国家的责任和作用，力图创造一个"结果更加平等"的社会，为个人和家庭提供较全面的保护；二是现代新自由主义道路，强调市场力量和个人责任，把"大包大揽"的福利国家看成是一切罪恶的源泉，因为它削弱了个人的进取和自立精神。实践证明，两条道路都难以成为社会保障制度的未来之路。吉登斯提出"第三条道路"社会保障思想，批评自上而下的包办造成了依赖，强调国家不要让国民依赖无条件的福利，主张构建积极的福利社会，鼓励人们以主动精神去工作或创业并尽可能放弃福利救济，提出福利供给的重组应当与积极发展公民社会结合起来。

中国学者（杨团，2006；蔡江南，2007；赵曼、吕国营，2008）也在尝试探索中国医改的第三条道路理论。杨团（2006）首先提出中国医改既不能走完全市场化的道路，又不能退回到计划经济，需要构建公共服务产业和公共服务市场的第三条道路。学者阎建军（2013）研究认为，进入21世纪后国际基本医疗保障制度改革出现趋同,走向"第三条道路"。基本医疗保障体系一般包括由政府提供或者私人部门提供的基本健康保险，以及政府针对贫困人群等提供的医疗救助。基本健康保险覆盖绝大多数国民，是美、英、德等国家基本医疗保障制度走向"第三条道路"的改革重心。

二、医疗保险基金监督分类

国外对医保基金监督的研究集中在监督分类标准上。按监督方法分类，医保基金监督可以分为前瞻性监督和回顾性监督。前瞻性监督指监督机构对医保基金的活动实行实时监控，并通过对前瞻性进行绩效评估提出监督意见；而回顾性监督则重在事后进行分析检查，查处违法违规行为。按监督对象分类，医保基金监督可以分为程序监督和结果监督。结果监督的目的是纠正基金管理中的错误行为，而程序监督则指向医保机构的组织构架及其管理质量。按监督目标分类，医保基金监督可以划分为机构监督和系统监督。机构监督的目标是评估某个医保机构或医疗服务机构的绩效。而系统监督则更加关注基金的宏观绩效，并因此影响政策或立法调整（傅鸿翔，2013）。

第三节　国内医疗保险研究现状

不可忽视的是，由于受特定社会历史背景和条件的限制，社会医疗保险制度呈现"碎片化"的现状，导致社会医疗保险领域存在诸多问题。就具体研究内容的侧重点看，学界研究成果主要围绕着社会医疗保险基金支出影响因素、社会医疗保险支出效率或效益、社会医疗保险欺诈、社会医疗保险的制度整合、社会医疗保险基金的监督控制、社会医疗保险基金平衡及预警机制以及保值增值等问题而展开。

一、社会医疗保险基金支出影响因素的研究

按照国家相关规定，我国社会医疗保险分个人账户和统筹基金。统筹基金与个人账户是分开管理和使用的，各自规定了报销的范围。一般，个人账户用于支付门诊或小额医疗费用；统筹基金用于支付住院或大额医疗费用。因此医疗保险费用的报销主要分为门诊费用和住院费用两个部分。相关研究总体表现出两"多"两"少"的特点。研究住院费用的

文献多，研究门诊费用的文献少。研究城镇职工的文献多，研究"新农合"和城市居民的文献少。有的学者从整体角度研究医保费用，而有的学者专门研究特定病种患者的医保费用。

王晓林等（2008）分析了新型农村合作医疗保险基金后发现，新农合医保基金影响因素与定点医疗机构的门诊和住院补偿比、参合农民的"道德损害"行为、管理机构的监督有关。姚瑶等通过对广州 2014 年 7 月至 2015 年 6 月共计 12 个月的医保参保人员医保费用影响因素研究后认为，年龄、人员类别、住院天数、是否抢救病人、是否手术、病例分型、入院途径是影响医保超支的危险因素。徐伟、李静（2013）采用逐步多元回归分析发现，城镇居民人均可支配收入和城镇职工住院人次对城镇职工医保费用有显著影响。张燕等（2012）研究认为，老年人口抚养比逐渐上升，老龄化的加剧使得医疗保险基金支出压力增大。刘石柱（2012）通过对江苏省镇江市医保中心数据分析认为，医保费用重要影响因素有患者可报费用、药品费用、参保人员的年龄结构和医院级别。潘东颖等（2015）通过对杭州和宝鸡两地不同医疗保险参保患者医疗费用比较分析发现，医保费用与当地经济发展水平、患者参保类型有关。周绿林（2014）认为，医疗服务市场的需方和供方是医疗费用的共同决定因素，65 岁以上人口数、政府卫生支出、平均每所医院的业务收入、住院病人人均医药费等是医疗保险基金支出的重要影响因素。蓝英等（2016）实证分析了基本医疗保险基金发现，公立医院的医疗收入直接导致我国医疗保险基金支出不断上涨，而人均 GDP、65 岁以上人口所占比例、城镇化率、卫生机构数、医疗卫生机构住院病人手术人次、医院平均住院日、医院住院病人人均医药费用及性别比等因素都通过公立医院的医疗收入间接地影响我国的医疗保险基金支出。控制医疗保险基金增长的态势关键要控制公立医院的医疗收入。李瑱玲、冯国忠（2018）基于改进 GRA 模型，实证分析我国医疗保险基金支出影响因素发现，欲控制我国医疗保险基金支出的不断上涨，政府应尽可能地增加对医院的财政补助以减少医院对医疗收入的依赖，研究结论与蓝英等（2016）的研究结论不谋而合。

可以看出，上述社会医疗保险基金支出影响因素主要受到来自医疗、医药和医保的"三医"、社会经济因素以及患者本人收入水平、就医倾向等。

二、社会医疗保险基金支出效率的研究

社会医疗保险基金的来源是相对有限的，而公民对健康的需求则是无限的，并且中国快速步入老龄化社会，因而基金运行具有长期性、持续性。由此可见，社会医疗保险基金支出应当在保障国民医疗服务需求的同时，有效控制医疗费用及基金支出的过快增长，这是社会医疗保险基金支出效率的首要任务。再有，社会医疗保险基金支出应当能引导参保人的就医选择，有助于合理分配医疗资源，缓解"看病难、看病贵"问题，这是体现社会医疗保险基金支出效率的次要任务。

清华大学课题组（2007）研究认为，政府可以考虑使用"医疗保险券"的形式，即政府每年向全国居民发放等额的"医疗保险券"，由居民自己选择加入哪一个医保项目，同时允许居民在不同年份里，只要符合一定的条件，可以更换自己选择的医保项目。医疗保险券方案在设计理念上是"靠脚投票"，即将医疗卫生资源的部分控制权转移给参保人，强调通过充分发挥市场机制配置资源的作用，拉平多种医保制度的差异。

路云、周茂华（2013）采用平衡记分卡研究了我国从2006年到2010年医疗保险基金的运行绩效。他们以平衡记分卡为工具，选取财务、客户、内部运行、学习与成长四个方面包括四个一级指标共计十五个二级指标，运用层次分析法确定各评价指标的权重，得出研究结论：我国医保基金的绩效呈现一个良好的上升态势，基金绩效的提高在关注财务指标的同时，应更多地关注能有效促进基金可持续发展的基金内生动力——机构整体服务能力、管理人员的综合素质以及流程的改善。

在关注医疗保险基金支出效率的同时，学者始终不能忽视与效率伴随的另一个命题，即医疗保险基金支出的公平性。从参保对象角度来说，根据经济发展水平、收入水平和健康条件缴纳相应的费用；从政府角度来说，最好就是向所有居民提供同等数量和质量的医疗保险服务套餐。如果按照效率优先，那么交费水平高的参保对象就应该享受更多更优质的医疗服务，交费水平低的参保对象就应该获得较少较低质量的医疗服

务。如果按照公平优先原则，人的生命权是平等的，不论交费水平高低，在疾病面前都应该获得同等质量的医疗服务。目前城乡居民医疗保险整合通过在个别省市试点之后，正逐步向全国推广。生育医疗保险整合到基本医疗保险当中的研究也取得一定的研究绩效，如2017年1月19号国务院发布《生育保险和职工基本医疗保险合并实施试点方案》通知，要求在河北省邯郸市、山西省晋中市、辽宁省沈阳市、江苏省泰州市、安徽省合肥市、山东省威海市、河南省郑州市、湖南省岳阳市、广东省珠海市、重庆市、四川省内江市、云南省昆明市开展两项保险合并实施试点，在当年6月底前完全启动。通过试点探索适应我国经济发展水平、优化保险管理资源、促进两项保险合并实施的制度体系和运行机制。整合城乡居民医保一定程度上能够促进农村居民和城市居民医疗保险待遇享受上的公平。

三、社会医疗保险欺诈问题的研究

关于社会医疗保险欺诈问题的研究，目前主要表现为理论研究，研究问题主要包括欺诈的类型及其表现形式、欺诈的成因分析和反欺诈措施等。

（一）社会医疗保险欺诈的类型

章瑛、周霓（2010）从信息非对称发生时间的角度将保险欺诈分为两种类型：一是签约之前的逆向选择，二是签约之后的道德风险。周建涛、巨驹、董楠（2011）根据是否编造、夸大保险事故将其分为硬欺诈和软欺诈，其中，硬欺诈是指编造保险事故，而软欺诈是指将保险事故夸大。刘敏（2013）从欺诈行为主体的角度将其分为三种类型：一是医疗机构单独所为（供方欺诈），二是参保人员单独所为（需方欺诈），三是医疗机构与参保人员共同所为（医患合谋欺诈）。孙建才（2017）将医疗保险欺诈分为参保欺诈、内部欺诈、支付欺诈三部分加以表述。其中，参保欺诈是指参保单位违反医疗保险管理相关法规，采取虚假申报手段少缴、不缴医疗保险费，侵害劳动者合法权益和医疗保险基金管理制度的违法行为；内部欺诈是指基金管理机构或人员、经办服务机构及人员侵占、挪用或者与他人合谋骗取医疗保险基金的违法犯罪行为；支付欺诈行为是指参保单位、参保人、药品、医疗器械经营单位、定点服务机构等违反医疗保险相关法律、法规或者合同（医疗保险服务协议）约定，通过虚构事实、隐瞒真相以及其他方法虚假申报，使得医疗保险经办管理机构和人员发生错误认识，从而达到骗取医疗保险基金或者医疗保险待遇目的的违法犯罪行为。

（二）社会医疗保险欺诈的成因

关于欺诈的成因分析，理论上，社会医疗保险欺诈发生的原因是信息不对称，实际中社会医疗保险欺诈发生的根本原因是内在利益的驱动，欺诈是由多方面因素共同造成的，学者们的研究视角主要集中在以下两个方面。

1. 从社会医疗保险制度缺陷的视角出发

从社会医疗保险制度缺陷的视角出发有以下五个方面原因。

原因之一是社会医疗保险付费制度本身存在的问题。有文献从基金统账结合的角度将支付方式分为两种：通道式和板块式。通道式支付方式的缺点在于促使参保者加速使用个人账户，进而使用统筹基金，造成医保基金浪费；而板块式支付的缺点在于使用限制较多，阻碍社保基金的功效发挥（刘潇，2008）。孙建才（2017）分析昆明市医疗保险欺诈典型案例后认为，医疗保险支付制度不完善、改革滞后是大量界限模糊的欺诈行为赖以生存的土壤。

原因之二是社会医疗保险管理模式存在的问题。有文献从监管主体角度分析管理模式存在的不足。首先，合管办医疗模式使监督管理机构不能有效监督医疗服务供给方的行为；其次，社会医疗经办机构主管模式同样使监督管理机构对于医疗服务信息掌握不完全，不能对其进行有效监管；最后，商业保险公司主管模式理论上较为可行，但不排除商业保险公司为了自身利益最大化而损害参保人利益的可能（赵艳飞、薛兴利，2011）。

原因之三是社会医疗保险价格补偿机制存在的问题。面对不同类型的疾病，同一种补偿机制显然不能够实现社保存在的效用最大化。对此，有文献认为，我国目前的价格补偿机制主要是指医药费用补偿。存在的问题包括因信息不对称而掌握实质信息的医疗服务机构为获取高额利润会鼓励患者小病大医，进而诱发道德风险（常峰、达庆利、张子蔚，2009）。

原因之四是社会医疗保险公平性存在的问题。有文献指出，每个公民都有参加社会医疗保险的权利，享受社会医疗保险的待遇，同时，参保的公民要承担一部分费用（房珊彬、徐程、刘国恩、赵绍阳，2012）。但目前来看，社会医疗保险覆盖并不完全，一部分人的医疗需求没有保障，同一类型的医疗保险报销比例也不尽相同，形成制度内的不公平。还有文献指出，个人承担的医疗费用也因个人收入不同而表现出对医疗保险使用的不同，收入高的患者较多使用社保基金，造成社会医疗保险制度施行的不公平（王飞跃，2011）。

原因之五是社会医疗保险监管方面存在的问题。有文献指出，我国现行的社会医疗保险监管运营体系不完善，监管人才、监管硬件、监管力度不够，使得各利益主体有机可乘（徐清照，2010）。孙建才（2017）通过对昆明市医疗保险欺诈案件的剖析认为，监管体制混乱、责权不清、力量薄弱、漏洞大量存在是医疗保险欺诈蔓延的助推力。

2. 从信息不对称的视角出发

从信息不对称的视角出发，社会医疗保险欺诈的原因有逆向选择、道德风险。王小莉（2009）指出，投保人利用保险市场上的信息不对称，采取隐瞒自己的真实情况，设法使用保险人无法观察到的信息优势来骗取保险金额。陈翔、王小丽（2010）认为，在保险市场上，面临高风险的人对保险有强烈的需求意愿，因此，风险损失高的人投保概率大。道德风险是造成保险欺诈的根本原因。卢洪友、连玉君、卢盛峰（2011）从保险市场和医疗服务市场的角度阐述了道德风险产生的根源，认为保险市场上参保人的过度需求和医疗服务机构的诱导消费造成了医疗服务资源的浪费；医疗服务市场上医生和医院相关部门在交易中所拥有的信息优势导致由过度供给所引发的扩张性需求的产生，从而加剧道德风险的产生。

（三）社会医疗保险反欺诈的措施

通过反欺诈措施的研究发现，可从改革现行的医疗保险费用支付方式、构建合理医疗成本分担机制、建立医疗保险市场信息管理制度、推进医药分离体制改革几个方面来改革现有社会医疗保险制度的弊端。同时还需完善相关法律法规，建立相关奖惩制度，推进诚信体系建设，加强相关部门的监督管理（刘喜华、魏超，2013）。孙菊（2017）研究认为，可借鉴公共产品合作治理理论为保险反欺诈提供了一个跨部门、跨领域的合作路径。政府改变以往自上而下的权力运行方向，构建分权合作型政府，而拥有独立性的非政府组织与政府处于平等的地位，政府、私人部门和非营利组织联合起来共同完成对医疗保险公共产品的治理。大数据技术也推进了医疗保险反欺诈技术的提升，如李杰等（2018）以我国基本医疗保险诊疗历史记录的大规模真实数据为基础，应用 XGBoost 算法和 EasyEnsemble 方法构造基本医疗保险参保人欺诈风险评估集成模型，该模型能够有效地用于识别潜在欺诈人员。

四、社会医疗保险制度整合的研究

在我国医保制度多元分割问题日趋严重的背景下，研究医保制度的整合不仅可以完善社会医疗保障理论与公共管理理论，还可以为政府制定统筹城乡政策、实现医保服务均等化提供科学依据，具有重要的理论意义和实际价值。正因为如此，学术界对医保制度整合的研究非常重视。学者主要围绕整合的内涵与外延、方案与标准、资金筹集三个方面展开，并取得了一定的研究成果。

（一）关于整合的内涵与外延

学术界对"社会医疗保险制度整合"概念的研究，较多情况表现在与"全民医保""医保一体化""城乡医保统筹与衔接"等相关概念的论述中。关于"医保制度整合"与"全民医保"的联系与区别。朱俊生（2006）

提出"全民医保"的核心内容至少有两点：一是全面覆盖，二是同一受益标准。世界卫生组织（WHO）与瑞典国际发展合作机构（SIDA）指出：社会成员应该以需求为导向获得卫生服务，而不是取决于社会地位、收入水平等因素，也就是说，具有相同的卫生服务需求的社会成员应该获得相同的卫生服务。依据这一原则，胡爱平（2009）建议以人为本，借助制度整合实现全民医保，整合办法是打破现有以户籍制度为界限的人群划分法，依据就业状态和收入来源，重构医保对象的社会群体分类，并调整相应的医保制度。不难看出，全民医保是整合的目标，整合蕴含着动态性，是实现全民医保的必要手段。

关于整合与"医保一体化"的关系。陈健生、陈家泽、余梦秋（2009）在综合前人观点的基础上，将医保一体化界定为"通过在制度上整合规范、在管理上统筹安排、在组织上统一协调、在受益上基本均等，实现医保体制机制的一致性"。基于上述分析，"医保制度整合"与"全民医保""医保一体化"三者之间的内在逻辑关系可以表述为：只有通过整合实现了医保制度一体化、管理一体化和组织一体化，才能实现均等化层次上的全民医保，使医保体系全面、协调、可持续发展。

"城乡医保统筹与衔接"也是在讨论医保制度整合时出现频率较高的一个概念。从实务部门的角度出发，医保制度的"统筹"主要是指医保基金的统一管理以及医保经办机构的归并合一（林红，2008），"衔接"是指在不同社保制度间建立良好的转换机制，方便参保人社保关系的转、接、并、续（赵曼、刘鑫宏，2009）。因此，"统筹"侧重医保基金的整合和管理的整合，"衔接"侧重个人医保关系转接，两者都是整合的重要组成部分。在我国以城乡对立为主要特征的二元社会保障制度下，"城乡医保统筹与衔接"则聚焦于打破人为的城乡户籍界限，使得城镇居民和农村居民之间医保偿付水平逐步拉近，偿付范围不断靠拢，医保功能趋于相同（翟绍果、仇雨临，2010），因此，"城乡医保统筹与衔接"的最终目的也是通过整合实现医保服务均等化，特别是城乡之间的均等化。

在总结已有研究基础上，孙翎（2013）对医保制度整合的解释为：医保制度整合是指打破以医保制度的人群分割与城乡分割，建立制度相对统一、责任明确、转接灵活的医保体系，实现多种医保制度在较高统筹层次上的管理、组织、信息和标准一体化。

(二)关于整合的方案与标准

由于不同的医保制度在筹资和保障水平上差异较大,对于整合后的标准,新医改之前学术界存在三种意见:第一种意见是"一个制度,一种标准",即将现行各制度统一为所有参保人的缴费、待遇标准相同的制度。刘福垣(2007)认为,如果想实现真正意义上的社会保障,应该纳入财政预算,一步到位建立全覆盖全国统一的社会保障制度,不能分区分片。第二种意见是"一个制度,多种标准",即将现行各制度统一为一个制度,但是针对不同人群规定不同的缴费标准和相应的待遇标准,并允许参保人根据自身的需求和缴费能力选择参保档次。刘继同、陈育德(2006)认为整合最后应达到"一个制度、多种标准",也就是现行各制度统一为一个制度,但是针对不同人群设计多种缴费标准,顾昕(2007)也认为三大医保制度要构成缴费水平不同、给付水平不同、服务水平不同的三层次医保体系,类似的还包括李迎生(2006)提出的"有差别的统一"的"城乡整合"模式,其主要思路是在制度统一的情况下,具体给付标准可根据城乡、地区生活水平差异的实际而有所不同。高和荣(2003)也认为整合后的社会保障制度应当是刚性与柔性的统一,有差别的统一,职业与户籍相一致,以及国家、个人和集体共负担的新型社会保障制度。第三种意见是一种折中观点,即近期内标准差异化,等时机成熟再向一个标准转变。例如,孙祁祥、朱俊生、郑伟等(2007)认为目前城乡医保体系的保障水平差异很大,实现城镇医保制度与农村医保制度的整合的主导思想是:在未来一段时间内,稳定城镇医疗保障水平,提高农村医疗保障水平,待条件成熟以后,最终要实现不同制度框架下保障水平"多种标准"向"单一标准"的转化。

新医改之后,学者们对社会医疗保险基金整合模式基本达成了两种整合模式的共识:"一个制度、多种标准"和"一个制度、一种标准"。"一个制度、多种标准"模式,即将现行各制度统一为一个制度,但是针对不同人群规定不同的缴费标准和相应的待遇标准,并允许参保人根据自身的需求和缴费能力选择参保档次(申曙光、侯小娟,2012)。"一个制度、一种标准"模式，即将现行各制度统一为所有参保人的缴费、待遇标准相同的制度。两种整合模式的主要区别仍然在于对公平和效率这对天然矛盾的拿捏和处理上。整合模式的公平性是指让参保人能公平地享有医疗保障。显然，从公平性来看，"一种标准"模式的公平性更高；从效率性来看，"多种标准"模式的运行效率可能更高，即采用该模式整合后的基金运行更具有可持续性且能约束参保人的就医行为（申曙光、易沛、瞿婷婷，2014）。

总体上看，"一个制度、多种标准"得到了大部分学者的认可，在实践中也得到了具体应用。如2007年，四川成都市将居民医疗保险和新农合整合为统一的城乡居民基本医保制度之后，提供了3种自愿选择方案和1种学生、儿童方案。其余如天津市、佛山市、湛江市、长春市、镇江市和重庆市等也先后采用了"一个制度、多种标准"模式。其余如江苏省太仓市也采用了"一个制度、多种标准"模式。采用"一个制度、一个标准"的地区目前还比较少见，东莞市的案例具有一定的示范性，东莞市的企业职工、居民、农民、灵活就业人员、退休人员及失业人员，都被统一纳入东莞市社会基本医保制度中，然后依据就业状态，将所有参保人划分成"由用人单位办理参保""个人以灵活就业人员身份参保"和"村（居）民委员会办理参保"三类。

（三）关于整合后的资金筹集

整合后的资金筹集主要围绕着筹资渠道、筹资方式、筹资水平展开讨论。就筹资渠道而言，通过个人（家庭）、国家和单位的多渠道筹资是学术界的基本共识，例如：胡大洋（2008）认为在其提出的"以家庭为参保缴费单位的全民医保制度"下，筹资来源主要是家庭、雇主和政府。对于各渠道的筹资比例，一些学者对比例分配原则进行了探讨，政府的筹资比例得到许多学者的关注，其中隐含的一个问题是筹资中的政府责任，一些学者建议政府应当在医疗筹资领域发挥主导作用，随着政府财政筹资能力的进一步增强，可以适当增加政府的分担比例，各地可以根据实际经济情况具体确定保费分担比例（李明强，2008）。

关于筹资方式，目前，我国三大医保制度采取的主要筹资方式是由个人和企业缴纳社会医疗保险费。来自世界卫生组织、世界银行和许多学者的研究表明,税收作为一种医疗筹资渠道不仅公平性强,而且管理效率高,世界卫生组织中超过55%的国家或地区都是以税收筹资为主的医疗筹资体系(Savedoff W.,2004)。据此,有学者认为税收是医保筹资领域最有效率的筹资手段,税收筹资的作用不断增强是医保筹资领域不可逆转的趋势,目前由三大医保制度以及其他配套机制形成的全民医保框架,在长期中有望过渡到以税收筹资为主的全民医保体系(李明强,2008)。

现有的三大医保制度无论是筹资水平还是待遇水平都存在明显差异,由于福利制度的向下刚性,在医保制度整合过程中,需要对低待遇水平的制度进行提升,依据医保基金收支当期平衡的原则,一个不可避免的问题是需要提高筹资水平。针对如何对筹资水平进行调整,周寿祺(2007)提出不同费率的城乡医保制度衔接必须经过政府"托低就高",增加投入;刘继同(2007)也建议逐步增加政府对全民医保的投资力度和规模,加快制度创新与整合,利用社会保险大数法则与风险分担机制,解决筹资问题。

(四)关于城乡医疗保险制度整合的评估

2016年1月,国务院发布《关于整合城乡居民基本医疗保险制度的意见》(国发〔2016〕3号,以下简称《意见》),将城镇居民基本医疗保险和新型农村合作医疗制度合并为统一的城乡居民基本医疗保险,覆盖除职工基本医疗保险应参保人员以外的其他所有城乡居民。目前,各省均在《意见》的框架下作出了规划部署,或出台了整合城乡医疗保险的政策文件。

学者高程程(2018)以南京市为例,调查研究了南京市城乡居民对城乡医保整合后的满意度发现,整体满意度较高。不满意的原因主要有:一是起付标准抬高,增加了原新农合参保人负担。二是医疗待遇水平上升,增加了成本,目录范围的扩大和就医范围的增广导致医疗费用监管难度提升,抗风险能力降低。三是医疗基础与服务水平分布不均等。仇雨临、王昭茜(2018)研究认为:城乡居民医保整合在实际进展上落后于预期规划，需要加速从制度整合到实践整合；在制度目标方面实现了制度层面的显性公平，但仍存在隐性不公平的约束，从形式公平到实质公平的转变成为下一步的发展目标。国内一些先行地区已经用实践为我国医保制度整合的可行性作出了肯定的回答，但国际经验表明整合的过程将会是漫长而艰苦的。

五、社会医疗保险基金监督控制的研究

关于医保基金监督，学者主要围绕医保基金监督的概念、医保违规的主要利益主体、加强监管的对策等问题展开。

在利益的驱使下，违规套取医保基金参与主体主要有定点医疗机构和定点药店的"两定"机构违规、参保人违规、医保经办机构违规，此外，还有"两定机构"与参保人联手违规套取国家医保基金。一些定点医疗机构的医务人员和药店的销售人员在利益化的驱动下，对参保人就医购药环节把关不严，存在乱开药、开贵药的现象；一些医疗机构对患者开大处方、大检查及高价医用材料项目；给病人挂床住院，甚至还伪造医疗文书骗取医保基金等。参保人的违规主要体现在参保人冒名顶替享受医疗保险的优惠和待遇。目前还存在医疗机构、其他利益单位和参保人为获取利益而联合违规的现象（揭伏玲，2017）。

完善监管对策、提升监管效果主要要从完善医疗保障立法、加大违法成本，从筹集到管理和使用各个环节监管不遗漏，提升监管人员的综合素质来抓起。当前的监管人员知识结构比较单一。将来在聘请人员的时候，要提高准入门槛，聘请具有医学专业知识背景的管理人员，使其在管理的过程中不至于对相关医学问题一无所知，这样才能提高监管人员的业务素质。除此之外，还要对监管人员进行定期或不定期的培训，提高监管人员在医学、审计、财务以及管理等方面的专业素养，提高监管时的工作效率，保证监管工作的有效落实。

从根本上影响当前监管效果的还有体制的问题，表现为条块分割和监督管理脱节。当前，我国对医疗监管缺乏一套行之有效的岗位制度和行之有效的相互制约机制，如负责监管医保基金的是社会保险基金管理

部门，而负责监管医院人事的是卫生医疗主管部门（罗长斌，2017）。

六、社会医疗保险基金平衡、预警机制及保值增值的研究

（一）社会医疗保险基金平衡及保值增值

关于社会医疗保险基金平衡的研究，学者主要围绕着基金的筹集管理、使用管理、经济效益和社会效益管理展开。千方百计增加医疗保险基金收入，经济高效科学地使用医疗保险基金，建立和完善立体监督体系，引入第三方监督机构，包括对医疗机构的监督，对医疗保险机构的监督等，向弱势群体倾斜，最大限度地发挥医疗保险基金的社会效益和经济效益（黄显官、吕春、余郭莉、彭博文、郑远秀，2013）。

随着我国老龄化的深入，我国医疗保险基金将出现短缺并且缺口将不断加大，研究医疗保险基金的平衡及保值增值就显得尤其必要（张梦遥，2016；林建、张梦遥，2016）。为此，需要不断完善二胎配套政策，提高人口自然增长率，扭转或减小我国医疗保险基金未来将会出现的巨大缺口；成立专门的医疗保险基金运营及监督管理机构，为医疗服务市场提供公平的竞争秩序和环境；完善与医疗保险基金关联的个人资产注册制度，充分利用医疗保险个人账户的余额，通过各种基金进行投资以实现基金的增值；提高医疗保险基金信息化，对医疗保险基金的结算情况进行实时的监控和分析，确保信息的更新，不能滞后，从而从信息的源头上杜绝错误信息的产生；建立包括最基础层次的医疗保险、辅助的补充医疗保险、商业保险等多层次的医疗保险体系（张梦遥，2016）。

（二）社会医疗保险基金平衡预警

路云、许珍子（2012）从财务性、客户性和成长性三个方面建立了医保基金运行平衡的预警指标体系。其中财务性指标包括医疗保险基金收入、基金支出总额、基金年剩余率、政府补助金占筹资总额比例几个二级指标；客户性指标包括参保者基金人均实有额、参保人数年增长率

两个二级指标；成长性指标包括职工医保缴费基数增长率、基数占平均工资比例、退休在职比、医保基金支出占 GDP 比率四个二级指标。在预警体系中明确警情是第一步，寻找警源是预警过程的起点和基础，分析警兆是预警过程中的关键环节，预报实际警情的严重程度是预警的目标，这就是预报警度。

第四节　研究内容及主要研究结论

一、研究对象

本研究将主要研究范围界定在我国现行基本医疗保险范围内（城镇职工基本医疗保险、城市居民基本医疗保险和新型农村合作医疗保险），不包括补充医疗保险和商业医疗保险。在书中如没特别说明，"职工医保"与"城镇职工基本医疗保险"、"新农合"与"新型农村合作医疗保险"、"居民医保"与"城镇居民基本医疗保险"是同义语混用。个别章节，还使用"医疗费用"代替"医保基金"。数据资料来源于历年《中国卫生统计年鉴》《2013 年第五次国家卫生服务调查结果报告》《中国统计年鉴》等官方正式公布的数据资料。

二、研究内容与研究方法

（一）研究内容

笔者在广泛深入研读现有社会医疗保险方面的研究成果基础上确定了本书的研究内容。本书的主要研究内容为：探讨再认识我国医疗保险基金运行现状，评价医疗保险基金的使用效率，构建医疗保险基金风险控制系统，研究医疗保险基金的收支平衡并对基金的可持续运行进行预测和研判。最后还探究医疗费用不断上涨的原因。

（二）研究方法

本书主要运用了定性分析与定量分析相结合的方法、文献资料法、比较研究法。如对问题研究现状的梳理多采用文献阅读梳理总结法。在书中，关于医疗保险基金的筹集和支付、医疗保险基金运行表现出明显的城乡差距和区域差距、医疗保险基金使用效率、医保基金上涨原因、医疗保险基金运行潜在和现实风险、医疗保险基金收支平衡等问题都采用了定量分析法。比较研究法的运用主要体现在三大医疗保险运行之间的比较，三大医疗保险基金筹集和支出在城乡和区域之间的比较，同一研究对象的国内和国外的比较等。

三、研究创新及不足

在第五章医疗保险基金风险控制研究部分，在前人研究的基础上，本研究完善了医疗保险基金控制系统模型，创造性地构建了由政府、基金管理机构、患者、医疗机构和医药企业五个主体组成的医疗保险基金风险控制系统模型。五个主体在控费机制中分别处于不同位置，发挥不同职责和功能。政府从全局上制定医保政策，为患者提供医疗社会兜底，确保人民健康权利。参保患者向基金管理机构缴纳保费、委托代为管理医保基金。基金管理机构为参保患者管理基金、支付和控制费用。参保患者去医院看病，属于医疗服务的实际需求者。定点医疗机构作为医疗服务的供给者，为患者提供优质的医疗卫生服务。药品生产和流通企业为定点医疗机构供给药品，定点医疗机构是药品的中间需求方，药品的最终需求方是患者。基金监督机构监督定点医疗机构医疗行为的合规、合法、合理性，代患者支付费用。定点医疗机构执行医保政策，接受监督机构的监督。政府需要监督基金管理机构执行医保政策，监督药品质量，监督定点医疗机构执行医疗卫生政策和行业标准。

研究的不足一是体现在，受资料数据可得性限制，部分问题研究的样本范围不够宽泛。其二，在做实证分析过程中，所使用的数据都为官方公布的统计数据，而不是亲自做的田野调查获得的第一手数据。在今后的研究中需进一步改进和完善。

四、主要研究结论

本书主要梳理了医疗保险相关理论，对医疗保险运行现状进行再认识，评价其运行效率。从风险控制的一般理论出发探讨医疗保险的风险控制，对医疗保险基金的收支失衡风险及可持续发展进行分析和研判。最后还延伸研究了医疗保险与医疗费用的相互关系。主要研究结论如下。

（一）医疗保险基金现状主要研究结论

我国医疗保险基金运行表现出明显的城乡差距和区域差距。相对于城镇职工或城市居民的人均医保基金支出水平，农村居民都显得太低。从区域差距看：全国城镇职工人均医保基金支出的比较中，西部最高，东部第二，中部最低。全国新型农村合作医疗保险的人均筹资水平，东部最高，中西部相当；从全国新型农村合作医疗保险人均受益人次看，东部最高，中部次之，西部最低。总体上看，社会医疗保险加政府医疗救助有效地改善了人民的健康水平。

（二）医疗保险基金使用效率评价主要研究结论

借鉴国内外关于医疗保险基金使用效率的评价方法，同时从技术效率、产出效率和结果效率实证分析我国近年来医疗保险基金的使用效率后发现：过去几十年来，我国的医疗卫生改革取得的成绩是显著的。国家重视医疗卫生最直接的体现是医疗卫生费用随着经济的增长而同比率甚至更大比率地增长。总体上看，医疗保险基金的技术效率和产出效率都是可观的，其结果效率也是显著的。表现在，卫生总费用的逐渐递增，政府和社会卫生费用增速较快，居民个人现金卫生支出下降明显；实际报销率逐渐提高，有利于缓解患者的疾病经济负担；医疗机构提供的诊疗人次、病床使用率、平均住院日日趋合理，距离最近的医疗机构的距离和就诊时间日益改善，体现出就医的便捷性和医疗服务的可及性逐渐改善。唯两周患病率和慢性病患病率处于上升态势，需要从改善生活环境、养成健康的日常生活习惯等环节抓起。患者对医疗服务的总体满意度约占 70%，对门诊就诊体验的满意度高于对住院体验的满意度，农村患者对医疗服务的满意度整体上高于城市患者。处在农村和城市患者不满意前三位的原因基本相同,分别是医疗费用高、技术水平低、服务态度差。但医疗保险基金的技术效率、产出效率和结果效率都表现出明显的城乡差距,这值得高度重视。

(三)医疗保险基金风险控制主要研究结论

医疗保险市场同样具有风险,因而医疗保险基金风险控制有其客观必要性。我国人口老龄化问题、基金结余问题、道德风险问题、逆向选择风险问题等构成医疗保险基金运行存在的潜在及现实风险,需要引起政府足够的重视。他山之石,可以攻玉。在分析借鉴国外医疗保险基金风险控制成功经验的基础上,笔者创造性地构建了由政府、基金管理机构、患者、医疗机构和医药企业五个主体组成的医疗保险基金风险控制系统模型。从政府角度出发,从顶层设计上制定完善医疗保险相关制度。从参保患者方出发,需拓宽医疗保险基金筹资渠道,有计划分步骤实施退休人员缴纳医保基金,确保筹资水平稳步增长。作为医保基金管理机构,需要重塑支付流程,优化医疗保险经办机构服务水平。在降低药企成本环节,规范医药生产,减少流通环节,分级实行招标管理是降低医药成本的关键;药品的生产带有明显的正外部效应,必要时政府可给予适当的补贴,以降低药企成本。必要时考虑由多学科背景专家组成,如医生、医学院校的知名教授、药企企业家、医保机构经办人员、专业会计和审计人员及部分患者等组成第三方监管机构。政府委托第三方机构负责监督医院的履职情况,考核诊疗的科学性、医院经营决策的科学性、成本费用控制的合理性等。

(四)医疗保险基金收支平衡及可持续发展主要研究结论

医疗保险市场的逆向选择和道德风险影响医疗保险基金的收支平衡。具体来讲,逆向选择影响医疗保险的覆盖率,降低医疗保险基金收入;道德风险增加医疗保险基金支出,影响全民医保费用的可持续性。关于医疗保险基金平衡的前期研究成果主要集中在阐述医保基金收支数量平衡的重要性和维持平衡的技术方法，以及医保基金收支风险的评估方法。新医改以后，相关研究重点已经从维持医保基金数量平衡关系，转向责任划分和重视服务水平，做到"控费"与"服务"并重，努力做到数量平衡与质量提升相结合上。以四川省 2001—2017 年城镇职工医疗保险基金收入和支出样本数据为基础，采用时间序列模型进行建模做实证分析，笔者得出只要保持现有医保基金收支政策的延续性，医保基金收支是可持续的，预测 2018—2040 年城镇职工医疗保险基金的收入和支出能够实现平衡。

（五）医疗费用上涨原因主要研究结论

医疗费用支出不断上涨的原因，总体上来自医疗、医药、医保即传统的"三医"、社会经济因素及患者本人因素五个方面。医疗机构技术设施的更新及过度依赖医疗收入的医院经营模式、医疗知识的专业性导致诱导需求和过渡医疗现象时有发生或可助推医疗费用不断上涨。医药生产流通环节亦可增加药品本身价格导致医疗费用增加。现有医疗保险的监管模式及支付结算模式或可助推医疗费用上涨。政府财政投入供给与民众卫生健康服务需求不对称、人口老龄化及生态环境改变带来疾病谱的改变或可导致医疗费用不断上涨。长期医疗形成的重治轻防的就医和卫生服务习惯、卫生资源分布失衡导致患者不愿意在基层就诊等都有可能助推医疗费用快速上涨。从实证分析结果看，公立医院的医疗收入直接导致我国医疗保险基金支出不断上涨，而人均 GDP、65 岁以上人口所占比例、城镇化率、卫生机构数、医疗卫生机构住院病人手术人次、医院平均住院日、医院住院病人人均医药费用及性别比因素都通过公立医院的医疗收入间接地影响我国的医疗保险基金。控制医疗保险基金增长的态势关键要控制公立医院的医疗收入。控制医疗保险基金不合理增长的最终目的是推动实现医疗保险基金增长与经济社会发展、医保基金运行和群众承受能力相协调，切实维护群众健康权益，减轻群众就医负担，促进医疗行业健康发展。

第二章 医疗保险相关理论

本章首先介绍医疗保险相关理论，主要包括社会保障、社会保险、社会医疗保险。本章的第二节，主要介绍我国现行基本医疗保险体系的构成。决定医疗保险制度顺利运行的主要因素来自基金的筹集和支付，因此第三、四节分别介绍了三大基本医疗保险基金的筹集和支付情况。

第一节 社会医疗保险

一、社会保障

经过长期努力，特别是"十二五"时期的攻坚克难，我国社会保障体系有了长足发展，基本形成社会保险、社会救助、社会福利和慈善事业相衔接的总体框架。"十二五"时期，全面建立了城镇居民养老保险、城乡居民大病保险、疾病应急救助、临时救助等制度，涵盖各类群体、针对各类基本需求的社会保障制度体系基本形成。社会保障是人民群众的"安全网"，发挥着社会运行的"稳定器"和收入分配的"调节器"作用，具有优化资源配置、促进社会公平和保障国家长治久安的作用。"十二五"以来，社会保障水平明显提高。"十三五"时期，社会保障改革发展要贯彻落实中央精神，按照"四个全面"战略布局的总体部署，坚守底线、突出重点、完善制度、引导预期，以大力推进体制机制创新、合理界定政府与市场职责为主线，以确保制度更加公平更可持续和增强制度的统一性、规范性为着力点，以促进精算平衡、强化激励约束、推动制度整合、完善筹资机制为核心，确保社会成员合理分享改革发展成果。

二、社会保险

社会保险（Social Insurance）指由政府机构向公民提供的保险。在一些工业发达国家，这类保险包括社会保障（Social Security）、失业补助金（Unemployment Compensation）等。在我国，社会保险是指国家为了保障社会安全，通过立法强制社会大多数人员参加，用于预防和分担公民年老、失业、疾病以及死亡等社会风险的社会保障制度。社会保险主要包括养老保险、失业保险、医疗保险、工伤保险以及生育保险。自1951年我国社会保险制度的构建到今天已经有60多年的历史，我国社会保险制度随着社会经济的飞速发展不断地改革和完善，取得了许多重要成就：由企业保险转向社会保险，大大提高了社会保险的覆盖率，社会保险打破了城乡分隔以及强化了社会保险中政府的职责。但我国社会保险制度也存在一些问题，如社会保险的立法不够健全、现有的社会保险法律效率低下等。当前我国社会保险法律覆盖面窄，导致社会保险基金的征缴、运营不够规范。

三、社会医疗保险

社会医疗保险是根据立法规定，通过强制社会保险原则，由国家、单位（雇主）和个人共同缴纳保险费，把具有不同医疗需求群体的资金集中起来进行再分配，即集资建立起社会医疗保险基金，当个人因疾病接受医疗服务时由社会医疗保险机构提供医疗保险费用补偿的一种社会保险制度。社会医疗保险属于社会保险的重要组成部分，一般由政府承办，政府会借助经济手段、行政手段、法律手段强制实行以及进行组织管理。

从承保的范围大小来看，社会医疗保险可分为广义和狭义的社会医疗保险。广义的社会医疗保险，包含的内容要比狭义的社会医疗保险宽泛。如一些发达国家的社会健康保险不仅包括补偿由于疾病给人们带来的直接经济损失（医疗费用），也包括补偿疾病带来的间接经济损失（如收入损失），另外对分娩、残疾、死亡也给予经济补偿，甚至还包括疾病预防和康复保健等。狭义的社会医疗保险只是对医疗费用进行的保险。我国现行的医疗保险制度实际上也通过其他制度补偿了由疾病引起的收入损失等费用，所以也属于广义社会医疗保险的内容。

（一）社会医疗保险参保人员

参保人员主要有企业及其从业人员；机关、事业单位、中介机构、社会团体、民办非企业单位及其从业人员；部队所属用人单位及其无军籍的从业人员。其次还有大学生、城市和农村居民。

（二）社会医疗保险的构成

目前的社会医疗保险主要由两大块组成。一是政府提供的医疗保险，也称为社会医疗保险。二是商业医疗保险。前者包括城镇职工医疗保险、城镇居民医疗保险和新型农村合作医疗保险。

（三）社会医疗保险的特点

社会医疗保险作为社会保险的一项，具有社会保险的强制性、互济性、福利性和社会性等基本特征，与其他社会保险既有联系又有区别。社会医疗保险保障公民的身体健康，是老年、工伤、残疾和生育保险中的重要内容，共同对劳动者的生、老、病、死及意外事故起着保障作用。由于疾病风险和医疗保健服务需求供给的特殊性，又使社会医疗保险与其他社会保险项目有着明显的区别，具有自身的特点。

1. 社会医疗保险具有普遍性的特点

社会医疗保险是社会保险各个项目中对象最为广泛的一个保险项目。一个人一生中可能不发生生育、失业、工伤等风险，却绝对不能避免疾病风险，加之社会医疗保险的服务对象是全体公民。

2. 社会医疗保险具有复杂性的特点

社会医疗保险涉及医、患、保及用人单位等多方之间复杂的权利义务关系，因此也成为最复杂困难、关联性最大的一种社会保险，与国家的经济发展密切相关。为了确保医疗保险资源的合理利用，社会医疗保险还存在着对医疗服务的供需双方进行合理引导和控制的问题。

3. 社会医疗保险属于短期性经常性的保险

由于疾病的发生是随机的、突发性的，社会医疗保险提供的补偿也就必须是短期的、经常性的，而不会像养老保险那样是长期的、可预测的。因此社会医疗保险在财务处理方式上也就与其他社会保险项目有所不同。

4. 社会医疗保险还具有发生频率高且费用难以控制的显著特点

疾病风险可能多次发生，具有不可预测性。同时人们对医疗服务的需求是不断增长的，随着社会经济的发展、人口老龄化的加剧、疾病谱的变化以及新的医疗设备和技术的运用更刺激了这种需求的增长，人们越来越希望享受更高档次和更高质量的医疗服务。不断膨胀的需求导致了医疗费用的过快增长，如何控制医疗费用成为一大难题。

（四）社会医疗保险的基本原则

1. 强制性原则

社会医疗保险是由国家立法规定保险范围、权利、义务及待遇标准并强制执行的社会保障制度，因此又称为强制性医疗保险或法定医疗保险。医疗保险通过立法强制执行，患病的劳动者从社会获得必要的经济帮助从而尽快恢复健康，使人力资本的再生产更为及时、有效。

2. 社会共担风险原则

社会化大生产中，人力资本的再生产必须依靠社会的力量来完成，使每个人抗风险的能力得到增强，从而减轻了企业的社会负担，促进了国有企业的体制改革，并为其提供了适应现代企业制度公平竞争的条件。

3. 保障性原则

社会医疗保险是强制性医疗保险，也是基本医疗保险，以保障人们平等的健康权利为目的。参保成员不论其缴费多少，都能平等地得到医疗保险所规定的医疗服务。

4. 公平与效率相结合的原则

公平指每个人享受的基本医疗保险待遇基本相同，效率是指充分高效地利用医疗卫生资源并减少浪费。社会医疗保险既要体现公平又要强调效率。

5. 保障水平与经济发展水平相适应原则

基本医疗保障的水平和方式要与中国社会生产力发展水平以及各方面的承受能力相适应，国家、单位和职工三方合理负担医疗费用。

6. 职工医疗保险制度实行属地原则

中央和省（自治区、直辖市）两级机关和所属企业、事业单位要参照参加者所在地的社会医疗保险，执行当地统一的缴费标准和改革方案。

（五）社会医疗保险的目标

对于健康的定义，1986年世界卫生组织认为："健康是一个积极的概念，强调社会和个人的资源，以及身体的能力"；"健康是一种身体上、精神上和社会适应上的完满状态，而不仅仅是没有疾病和虚弱的现象"。医疗保障制度的目的并不仅仅是治疗疾病，还包括预防疾病等，以帮助居民达到身体健康的状态。

我国医疗保障制度建设的方向是，通过医疗社会保险筹集资金购买基本医疗卫生来满足人们的健康需求，尽最大可能提高人们的健康水平。

所以，医疗保障制度的目标不仅是能够给居民提供经济补偿、医疗服务，同时还要能够促进其达到健康状态。就目前社会经济发展水平而言，该目标的实现是一个长期的过程。

第二节 现行基本医疗保险体系

一、现行基本医疗保险体系的建立

我国医疗保险制度的发展进程与我国的经济体制所选择的模式息息

相关。在计划经济时期，医疗保险坚持三大制度，覆盖到城乡居民不同的目标群体：以企业福利基金为主要经费来源的劳保医疗制度；保障行政事业单位工作人员和高校学生的公费医疗制度；集体经济条件下互助互济的农村合作医疗制度。随着改革开放，市场经济体制逐步取代计划经济体制的主导地位，劳保、公费、农村合作医疗无法适应市场经济的发展要求，医疗保险覆盖率下降、卫生经费增长迅速、保障基金筹资困难、各方满意度不高的弊端逐渐显现。

在城镇，为根本解决劳保、公费医疗制度的弊端，1994 年"两江（江西九江、江苏镇江）试点"建立社会统筹和个人账户相结合的医疗保险制度；1998 年国务院发布了《国务院关于建立城镇职工基本医疗保险制度的决定》，标志着在我国实施了近半个世纪的公费、劳保医疗制度被新的职工基本医疗保险制度所取代；2007 年国务院试点城镇居民基本医疗保险制度，逐步覆盖全体城镇非从业居民。截至 2016 年年底，全国参加城镇基本医疗保险人数为 74 391.6 万人，比 2015 年年末增加 7 810 万人。其中，参加城镇职工基本医疗保险人数为 29 531.5 万人，城镇在岗职工基本医疗保险年末参保人数 21 720 万人，城镇退休人员基本医疗保险年末参保人数 7 811.6 万人，参加城镇居民基本医疗保险人数为 44 860 万人。

在农村，传统合作医疗的解体使农民不得不转向抗风险能力低的自我保护。2002 年中共中央、国务院下发了《关于进一步加强农村卫生工作的决定》，标志着由个人、集体和政府多方筹资，以"大病统筹"为主的农民医疗互助共济制度的建立。截至 2016 年年底，2 851 个县（市、区）开展了新型农村合作医疗工作。截至 2015 年年底，新型农村合作医疗参合率 98.9%，参加人数 7.36 亿人，补偿受益 16.52 亿人次。

其他，如针对弱势群体中患病人群的城乡医疗救助制度全面推行；商业健康保险的补充医疗保险产品创新能力和经办服务能力逐步增强。上述医疗保险制度的建立与健全是与我国经济社会发展、人们对健康的新需求相适应的，并带来了有益结果：提高了城乡居民抗疾病风险损失能力，降低了婴幼儿及孕产妇死亡率，延长了人均预期寿命，提高了劳动者的生产效率，维护了社会的稳定发展大局。

二、社会医疗保险体系的结构

我国的医疗保险属于社会医疗保险模式,主要特点是国家法律规定强制实施,通过缴费筹集医疗保险基金,医保基金采用合同结算并专款专用、医疗服务费用的支付采用社会定价收费并以医保给付为主。基本公共医疗保障体系由城镇职工基本医疗保险制度(还包括事业单位医疗保险制度,部分地区还有公务员补充医疗保险制度)、城镇居民医疗保险制度、新型农村合作医疗保险制度这三个各自独立的体系构成,其覆盖对象和筹资机制如图2-1所示。

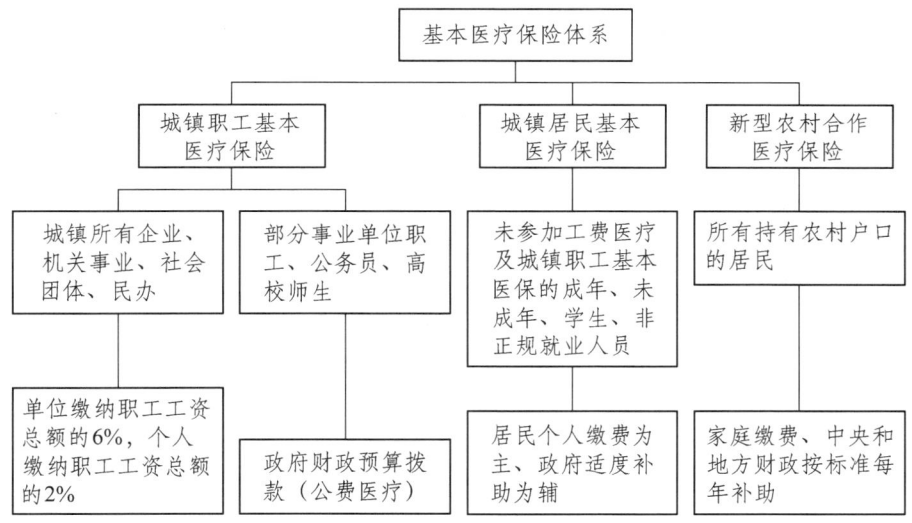

图 2-1 基本医疗保险体系结构

随着城镇化的推进,医保衔接问题成为流动人口合理有序就医的"绊脚石"。在党的十八大报告中,曾提出整合城乡居民的医疗保险制度。从2016年开始,全国各地陆续实施城市居民医疗保险和新型农村合作医疗保险相合并的办法,组建城乡居民基本医疗保险。整合城乡居民的医疗保险也是"十二五"规划必须要完成的任务。近几年以来,按照医改的总体部署,各地都在进行有益尝试。作为以上三大系统的补充,国家从2005年开始实行了大病医疗救助制度,包括城市大病医疗救助及农村大病医疗救助,救助对象为城市及农村低保对象、五保户及其他低收入及特困人群。筹资方式为财政补助，救助方式为"资助参合参保、基本诊疗费用减免、特殊门诊定额救助、住院医疗救助、重病慈善救助"等。

三、现行基本医疗保险制度的层次

1. 城镇医疗保险

目前，我国城镇医疗保险制度主要包括三个层次的保险。

第一，基本医疗保险，包括城镇职工基本医疗保险和城镇居民基本医疗保险。这是多层次的医疗保险体系的基础，也是国家医疗政策的重要组成部分，属于法定性质的政府行为，以强制性实施为主，财源主要来自强制筹集的保险费。基本医疗保险坚持"低水平、广覆盖"的原则，强调"公平优先、兼顾效率"，只承担基本医疗的保障职责，即限于提供适应绝大多数参保职工必要医疗需求的、医疗服务机构采用成熟的和适宜技术所能提供的、医疗保险基金有能力支付费用的医疗服务。

第二，补充医疗保险。这是完整的医疗保险体系不可缺少的组成部分，是在基本医疗保险的基础上，在经济效益许可的条件下，由企业（行业）为职工、职工为个人自愿出资组成补充医疗保险基金，为弥补基本医疗保险水平不足以支付巨额医疗费而建立的补充性医疗保险形式。

第三，商业医疗保险。这是多层次的医疗保险体系中较为规范、起补充和提高作用的层次，是被保险人在投保后，在保险期内因疾病、生育或身体受到伤害时，由保险人给付保险金的一种保险。在这一领域由人们自由选择，坚持"效率优先、兼顾公平"的原则。

2. 农村医疗保险

对于农村，我国现行的农村合作医疗保障制度是 2003 年起开始试点推行的新型农村合作医疗制度。它的筹资制度是个人、集体和政府的多方筹资。中央财政对参合农民提供每人 10 元的补助资金，并要求地方财政提供一定的资金支持。此后，据卫生部 2006 年《关于加快推进新型农村合作医疗试点工作的通知》，"从 2006 年起，中央财政对中西部地区除市区以外的参加新型农村合作医疗的农民由每人每年补助 10 元提高到

20元，地方财政也要相应增加10元。财政确实有困难的省（区、市），可2006年、2007年分别增加5元，在两年内落实到位"。随着经济持续稳步的发展和物价本身的上涨，截至2016年底，新型农村合作医疗人均筹资已经增加到559元。这种农民个人缴费、集体扶持和政府资助相结合的筹资制度打破了传统合作医疗只强调个人和集体共同筹资的局限，也明确了政府具体的经济职能。这一制度运行状况良好，农民参合率日益提高，截至2017年底，新型农村合作医疗参合率达到99.36%。

四、现行基本医疗保险制度的管理体制

对于我国城镇基本医疗保险，其基金纳入财政专户管理，专款专用，不得挤占挪用。社会保险经办机构负责基本医疗保险基金的筹集、管理和支付，并要建立健全预决算制度、财务会计制度和内部审计制度。社会保险经办机构的事业经费不得从基金中提取，由各级财政预算解决。

在农村，由于我国现行的医疗合作制度在合作性质、经济发展水平等方面具有很强的地域性，形成了多种管理模式。我国农村合作医疗的管理模式先后经历过村办村管、村办乡管、乡村联办、乡办乡管、乡办县统筹等几种类型，各种类型对于当时当地经济条件有良好的适应性，但各种方式的统筹范围和抗风险能力又存在着明显的差异。从整体上来说，"乡办县统筹"模式在分散风险方面具有明显的优势，并且最能适应我国当前整体的经济发展水平。

第三节 现行基本医疗保险基金筹集

一、城镇职工基本医疗保险基金筹集

一般而言，基本医疗保险基金筹集通常以单位和个人缴纳的医疗保险费为主要渠道，其费用占医疗保险基金的主体。其他医疗保险基金的

收入项目主要是在医疗保险费用收入的流转过程中形成和产生的。根据1998年国务院颁布的《国务院关于建立城镇职工基本医疗保险制度的决定》（国发〔1998〕44号），我国用人单位缴费率应控制在职工工资总额的6%左右，职工缴费率一般为本人工资收入的2%。随着经济发展，用人单位和职工缴费率可做相应调整。另外还有利息收入、调剂收入、转移收入、财政补贴及其他收入。从2016年5月1日起，用人单位按缴费基数的8%（企业为7.5%）缴纳，在职职工个人仍按缴费基数的2%缴纳。

目前，我国基本医疗保险制度实行社会统筹与个人账户相结合的方式，即"统账结合"。"统账结合"中的个人账户实行纵向基金积累方式；统筹账户实行现收现付方式，它既发挥社会统筹医疗基金的互济作用，又发挥个人医疗账户的积累作用。

我国基本医疗保险基金采用的筹集方式是工资税的方式，即与工资挂钩。这种方式有如下优点：考虑了个人支付能力，使每个人都能支付得起医疗保险费用；有利于控制医疗保险筹资与工资收入的相对水平；有利于建立随工资水平变化而相应调节医疗保险筹资水平的自然调节机制。

目前我国归属于社会保险的医疗保险对象主要限于国家工作人员和企业员工及离退休人员。从医疗保险基金收缴的角度来看，基金的筹集程序一般由缴费登记和交费申报两个部分组成。

二、新型农村合作医疗保险基金和城市居民医疗保险基金筹集

在农村，由于农村合作医疗保险基金的筹集关乎农村合作医疗保险能否持续、健康地发展，因此，构建合理的合作医疗保险基金的筹集机制事关重大。新型农村合作医疗在基金筹集上坚持"个人缴费和政府资助相结合"的原则。据初始时的筹集标准，在《关于建立新型农村合作医疗制度的意见》中明确为："农民个人每年的缴费标准不应低于10元，经济条件好的地区可以相应提高缴费标准"；"地方财政每年对参加新型农村合作医疗农民的资助不低于人均10元，具体补助标准和分级负担比

例由省级人民政府确定";"从 2003 年起,中央财政每年通过专项转移支付对中西部地区除市区以外的参加新型农村合作医疗的农民按人均 10 元安排补助资金。"2014 年 4 月 25 日,财政部、国家卫生计生委、人力资源社会保障部发布《关于提高 2014 年新型农村合作医疗和城镇居民基本医疗保险筹资标准的通知》,2014 年新型农村合作医疗和城镇居民基本医疗保险筹资方法为:各级财政对新农合和居民医保人均补助标准在 2013 年的基础上提高 40 元,达到 320 元。其中:中央财政对原有 120 元的补助标准不变,对 200 元部分按照西部地区 80%和中部地区 60%的比例安排补助,对东部地区各省份分别按一定比例补助。农民和城镇居民个人缴费标准在 2013 年的基础上提高 20 元,全国平均个人缴费标准达到每人每年 90 元左右。个人缴费应在参保(合)时按年度一次性缴清。之后,伴随着经济的发展、国家财力的增强、人民收入的提高及卫生服务需求的逐渐释放,缴费水平和国家补助标准逐年上升。

考虑到农业税取消后村集体经济尤其是中西部地区的村集体经济面临枯竭的尴尬境地,现行政策并未规定村集体交纳合作医疗保险基金的义务。但在实际操作中,经济发达地区的村集体也承担了部分合作医疗保险基金的交纳义务。中央和地方政府对农村地区合作医疗参与者的财政补助不仅是农村合作医疗保险基金的重要来源,而且在自愿参与的制度背景下,政府财政补助成为吸引农民参与合作医疗保险的重要手段,起到了引导需求的重要作用,极大地激发了农民参与合作医疗保险的积极性。

三、新型农村合作医疗保险和城市居民医疗保险的整合

(一)不同类型的医保筹资标准和报销水平差异明显

截止 2010 年,我国实现了由城镇职工基本医疗保险、城镇居民基本医疗保险和新型农村合作医疗三种制度构成的全民医保。国家为了建立起覆盖全面的基本医疗保障,采取了差异化、多条腿走路的办法,最终形成了我国多种类型同时运行的局面。按照当初的制度设计,职工医保

由用人单位和职工共同缴纳基本医疗保险，城镇居民医保和新农合均是财政支出占大头。由于筹资水平的不同，三种制度的医保在报销制度、保障水平等方面均有差异。有专家统计，2017年职工医保省直部门个人筹资总额能达到3 500元，而城镇居民筹资水平年人均450元左右，新农合筹资水平年人均410元左右，职工医保比其他两类高出七八倍。众所周知，筹资水平与保障水平密切相关，就目前来看，城镇职工医保政策范围内住院费用报销比例达80%以上，门诊报销比例均在90%以上；城镇居民医保和新农合政策范围内住院费用报销比例分别达70%和75%左右，门诊报销比例最高不过50%，很明显，后两类医保的筹资水平虽然得到了多次上调，但依然偏低，保障的水平与满足人民群众看病就医的需求和期待的差距依然较大。同时，在三类医保制度起步之初，由于考虑到了当时的经济社会情况和"财政分灶吃饭"的管理体制，统筹水平大都以县级为主，导致各县区制度存在差异。以职工医保为例，虽然国家规定职工按工资收入的2%缴纳，用人单位缴纳额控制在职工工资总额的6%左右，总缴纳比例为8%，但具体执行情况则是高的省市达到11%左右，低的省市只有6%左右。

但由于制度缺陷，最终导致基本医保出现保障标准和水平的等级差，且逐年加大。比如，在同一所医院看同样的病，只因为参加了不同医保制度的"城镇职工""城镇居民"和"新农合"，持医保卡的病人所用药品、做的检查、花费以及报销水平等明显不同。不同身份、不同区域，保障程度、医保病种、报销比例迥然不同，这显然违背了制度的公平原则，同时，大大增加了跨区域医疗和异地结付的难度。

（二）新农合和城市居民医保整合的必要性

2016年1月，国务院发文通知将城乡居民基本医疗保险制度和新型农村合作医疗两项制度整合，建立统一的城乡居民基本医疗保险制度。坚持多渠道筹资，继续实行个人缴费与政府补助相结合为主的筹资方式，鼓励集体、单位或其他社会经济组织给予扶持或资助。各地要统筹考虑城乡居民医保与大病保险保障需求，按照基金收支平衡的原则，合理确定城乡统一的筹资标准。现有城镇居民医保和新农合个人缴费标准差距较大的地区，可采取差别缴费的办法，利用两至三年时间逐步过渡。整合后的实际人均筹资和个人缴费不得低于现有水平。

完善筹资动态调整机制。在精算平衡的基础上，逐步建立与经济社会发展水平、各方承受能力相适应的稳定筹资机制。逐步建立个人缴费标准与城乡居民人均可支配收入相衔接的机制。合理划分政府与个人的筹资责任，在提高政府补助标准的同时，适当提高个人缴费比重。

城乡居民医保执行国家统一的基金财务制度、会计制度和基金预决算管理制度。城乡居民医保基金纳入财政专户，实行"收支两条线"管理。基金独立核算、专户管理，任何单位和个人不得挤占挪用。

结合基金预算管理全面推进付费总额控制。基金使用遵循以收定支、收支平衡、略有结余的原则，确保应支付费用及时足额拨付，合理控制基金当年结余率和累计结余率。建立健全基金运行风险预警机制，防范基金风险，提高使用效率。

强化基金内部审计和外部监督，坚持基金收支运行情况信息公开和参保人员就医结算信息公示制度，加强社会监督、民主监督和舆论监督。

第四节 现行基本医疗保险基金支付

一、城镇职工医疗保险基金支付

我国现行城镇职工医疗保险采取"统账结合"模式，即由社会统筹账户和个人账户组成。长期以来都遵循的缴费标准是：单位按照缴费基数的6%左右缴费，其中30%划入个人账户，个人按缴费基数的2%缴费，全部计入个人账户。从各地实践看，个人账户普遍封闭管理，用于支付门诊费用、药店购药和其他起付线以下费用，医保统筹基金用于支付住院费用。城镇职工基本医疗保险基金纳入财政专户管理，专款专用，不得挤占挪用。社会保险经办机构负责基本医疗保险基金的筹集、管理和支付，并要建立健全预决算制度、财务会计制度和内部审计制度。社会保险经办机构的事业经费不得从基金中提取，由各级财政预算解决。

二、新型农村合作医疗保险基金和城市居民医疗保险基金支付

对于新型农村合作医疗，根据医疗费用补偿的范围不同，一般分为大病统筹和家庭账户（家庭医疗保障账户或称家庭健康卡）两个层次，其中，大病统筹基金主要针对住院医疗，家庭账户则主要针对门诊医疗兼部分住院医疗。由于不同地区各参与主体的经济承受能力和出资份额的不同，会导致合作医疗中大病统筹和家庭账户两个层次比重的地域差别。不同地区在具体的家庭账户门诊与大病统筹在支付范围、比例、限额等方面的划分，可以根据当地的经济现状进行确定。

对于城镇居民基本医疗保险，从全国范围内支付方式的构成上看，我国一般门诊费用多采取建立个人账户，以个人账户基金按实支付，对部分门诊费用较高的病种，用统筹基金给予适当比例的补偿。对门诊特殊病种的支付，既有按服务单元支付的，也有按病种或服务项目支付的。住院费用结算占主导地位的是总额控制下的按住院人次定额付费，其次是总额控制下的按病种付费以及混合方式。绝大多数统筹地区采取了形式不尽相同的复合化的支付方式。

整合后的城乡居民医疗保险制度在支付过程中，推进按人头付费、按病种付费、按床日付费、总额预付等多种付费方式相结合的复合支付方式改革，建立健全医保经办机构与医疗机构及药品供应商的谈判协商机制和风险分担机制，推动形成合理的医保支付标准，引导定点医疗机构规范服务行为，控制医疗费用不合理增长。

通过支持参保居民与基层医疗机构及全科医师开展签约服务、制定差别化的支付政策等措施，推进分级诊疗制度建设，逐步形成基层首诊、双向转诊、急慢分治、上下联动的就医新秩序。

第三章 基本医疗保险现状

城镇职工基本医疗保险、新型农村合作医疗保险、城市居民基本医疗保险构成了目前我国医疗保险体系的主要内容，截止到2010年基本实现了医疗保险的"制度全覆盖"。总体上看，经过多年的改革和发展，基本医疗保险的覆盖范围不断扩大，保障水平不断提高，管理体系和运行机制不断完善和成熟，社会基本医疗保险改革取得了较大的成效，一定程度缓解了人们"看病难，看病贵"的问题。社会医疗保险加政府医疗救助有效地提高了人民的健康水平。同时，我国医疗保险基金运行表现出明显的城乡差距和区域差距。本章第一节首先从全国角度，梳理了三大医疗保险运行情况，发现我国社会医疗保险服务的城乡差距非常明显。第二节主要研究社会医疗保险的地区差距，根据数据的可得性和连续性原则，主要梳理对比了我国东中西部地区城镇职工医疗保险运行情况和新型农村合作医疗保险运行情况。

第一节 基本医疗保险的城乡差异

1998年国务院正式发布《国务院关于建立城镇职工基本医疗保险制度的决定》，我国职工医疗保险制度改革进入新的历史阶段。21世纪初以来，中国医疗保险体系发展迅速，在短短几年的时间内实现了社会医疗保险制度对城乡各地区的全面覆盖。现行社会医疗保险制度对城乡居民、不同在业类型的人群设立不同的医疗保险，主要包括新型农村合作医疗保险、城镇居民基本医疗保险和城镇职工医疗保险三大项目。其中，新型农村合作医疗保险项目（也即"新农合"）以农村户籍人口为保险设计的目标人群。该项目于 2003 年起试行，此后快速扩展，到 2010 年已基本实现对中国农村地区的全面覆盖。城镇居民基本医疗保险（即"居民医保"）是针对城镇地区不在业的成年人、学生、儿童和老年人设立的基本社会医疗保险项目，该项目于 2007 年起试行，到 2010 年就已从试点之初的 79 个城市扩展到全国所有城镇地区。至此，最终形成了覆盖全国城乡地区的社会医疗保险体系，为城乡居民医有所保提供了基本的制度保障。

一、全国基本医疗保险运行现状

我国分别于 1998、2003、2007 年实行了城镇职工基本医疗保险、新型农村合作医疗保险和城镇居民基本医疗保险，构成了目前医疗保险体系的主要内容。2014 年，三项医疗保险基金支出达到 17 720.6 亿元，占当年国内生产总值的 2.79%。十几年来，新型农村合作医疗保险基金支出年均增长率逐渐下降，按当年价，2004—2008 年间年均增长 122%，2009—2013 年年均增长 32%。1999—2014 年城镇基本医疗保险基金支出运行比较稳定，年均增长率为 33.83%，其中城镇职工基本医疗保险基金支出年均增长 31.58%。城镇居民基本医疗保险制度自实施以来，其医疗保险基金支出维持在高位运行，年均增长 86.9%。

2009 年新医改至 2014 年，与经济发展相比，三项基本医疗保险基金支出总额可比价年均增长率超过国内生产总值年均增长率 10.4 个百分点，超过国家一般公共预算财政支出年均增长率 9.2 个百分点。与居民可支配收入相比，新医改以来，城镇和农村居民家庭人均卫生支出年均增长率超过同期人均可支配收入年均增长率 1 个和 7 个百分点。可见居民疾病经济负担并不轻，"看病贵"问题依然突出，尤其是对于农村居民。相对于国家经济发展和人民收入水平的增加，基本医疗保险基金增长较快。随着老龄化的深化，基本医疗保险基金可持续、平稳、安全运行面临严重挑战。

二、基本医疗保险的城乡差异

(一) 城镇职工基本医疗保险运行情况

从全国范围来看,社会医疗保险制度改革正式展开于 1998 年国务院所颁布《关于建立城镇职工基本医疗保险制度的决定》(国发〔1998〕44号),虽然此项决定的主要覆盖人群为城镇职工,但也就此确定了中国社会医疗保险制度改革的基本目标、原则和主要政策。自 1998 年开始建立城镇职工基本医疗保险制度以来,职工医保基金收入和支出以及参保人数增速较快,详见表 3-1。

表 3-1 城镇职工基本医疗保险运行情况

年份	基金收入/亿元	基金支出/亿元	年末参保人数/万人	年末基金结余/亿元
1998	60.6	53.3	1 877.6	7.3
1999	89.9	69.1	2 065.3	20.8
2000	170	124.5	3 786.9	45.5
2001	383.6	244.1	7 285.9	139.5
2002	607.8	409.4	9 401.2	198.4
2003	890	653.9	10 901.7	236.1
2004	1 140.5	862.2	12 403.7	278.3
2005	1 405.3	1 078.7	13 782.9	326.6
2006	1 747.1	1 276.7	15 731.9	470.4
2007	2 214.2	1 551.7	18 020.3	662.5
2008	2 885.5	2 019.7	19 995.6	865.8
2009	3 420.3	2 630.1	21 937.4	790.2
2010	3 955.4	3 271.6	23 734.7	683.8
2011	4 945	4 018.3	25 227.1	926.7
2012	6 061.9	4 868.5	26 485.6	1 193.4
2013	7 061.9	5 829.9	27 443.1	1 232
2014	8 037.9	6 696.6	28 296	1 341.3
2015	9 083.5	7 531.5	28 893.1	1 552

1998—2015 年,城镇职工基本医疗保险基金收入从 60.6 亿元增加到 9 083.5 亿元,年均增速 29.4%,基金支出从 53.3 亿元增加到 7 531.5 亿元,年均增速 29.79%,基本遵循"以收定支、略有结余"的原则。年末参保人数由 1 877.6 万人增加到 28 893.1 万人。

(二)新型农村合作基本医疗保险运行情况

2003年国务院办公厅通过颁布实施《关于建立新型农村合作医疗制度的意见》(国办发〔2003〕3号)将社会医疗保险制度的改革范围拓展到农村和农民,此时社会医疗保险制度的覆盖范围仍然局限为劳动者,详见表3-2。

表3-2 新型农村合作基本医疗保险运行情况

年份	人均筹资/元	当年基金支出总额/亿元	年末参保人数/亿人	参合率/%	受益人次/亿人次
2004	50.36	26.37	0.8	75.2	0.76
2005	42.09	61.75	1.79	75.7	1.22
2006	52.1	155.8	4.1	80.7	2.72
2007	58.95	346.63	7.26	86.2	4.53
2008	96.3	662.3	8.15	91.5	5.85
2009	113.4	922.9	8.33	94.2	7.59
2010	156.6	1 187.8	8.36	96	10.87
2011	246.21	1 710.19	8.32	97.5	13.15
2012	308.5	2 408	8.05	98.3	17.45
2013	370.59	2 908	8.02	99	19.42
2014	410.89	2 890.4	7.36	98.9	16.52
2015	490.3	2 933.41	6.70	98.80	16.53

自2004年"新农合"实施以来,人均筹资水平显著提高,年末参保人数增加迅速,尤其在国家提出新型城镇化后,鼓励在城市有稳定收入和住所的农村居民进城落户,所以在2012年后农村居民总量下降,参保人数有所下降。参合率由初期的75.2%提高到2014年的98.9%,受益人次高达16.52亿人次,每位农村居民平均每年受益两次。同时,我们也注意到,当年基金支出总额相对于农村居民总人数来说还是捉襟见肘的。2004年,0.8亿农村居民参保,当年医保基金支出总额为26.37亿元,人

均医保基金支出 32.96 元；2014 年 7.36 亿农村居民参保，当年医保基金支出总额 2 890.4 亿元，人均医保基金支出 392.72 元。而 2004 年城镇职工人均医保基金支出 695.12 元，2014 年城镇职工人均医保基金支出 2 366.62 元，分别是农村居民人均医保基金支出的 21 倍和 6 倍。欣喜地看到差距在缩小，但农村居民和城镇职工享受到的医疗保险服务的巨大差距还应该引起有关部门的重视，大量优质医疗资源集聚在城市，农村的"看病难、看病贵"问题依然存在，压力还比较大。

（三）城镇居民基本医疗保险运行情况

为实现从劳动者享有基本医疗保险到人人享有基本医疗保险的转变，2007 年国务院通过颁布实施《关于开展城镇居民基本医疗保险试点的指导意见》（国发〔2007〕20 号）将城镇非从业人群纳入了基本医疗保险的保障范围，弥补了社会医疗保险在人群覆盖上的空白，详见表 3-3。

表 3-3 城镇居民基本医疗保险运行情况

年份	基金收入/亿元	基金支出/亿元	年末参保人数/万人
2011	594.2	413.1	22 116.1
2012	876.8	675.1	27 155.7
2013	1 186.6	971.1	29 629.4
2014	1 649.3	1 437	31 450.9
2015	2 109.4	1 780.6	37 688.5

2014 年城市居民医疗保险基金支出 1 780.6 亿元，相对于 37 688.5 万的参保人数，人均医保基金支出 472.45 元，比同期农村居民人均 392.72 元的医保基金支出水平高出 20%。

通过比较发现，无论是相对于城镇职工还是城市居民的人均医保基金支出水平，农村居民都显得太低，我国社会医疗保险服务的城乡差距非常明显。

第二节 基本医疗保险的地区差距

一、城镇职工基本医疗保险的地区差异

东、中、西部城镇职工基本医疗保险 2015 年基金收入、基金支出、累计结存、参保人数见表 3-4。东部基金收入总额明显高于中部和西部，是中西部的 3~4 倍，或许是由于东部经济发达，人均居民工资水平高的原因所致。关于人均医保基金支出，东部为 2 439 元，中部为 1 993 元，西部为 2 586 元。在城镇职工人均医保基金支出的比较中，西部最高，东部第二，中部最低。其中的原因是多方面的：其一，可能是东部职工参保人员中在岗职工比例高一些，退休职工比例低一点；而中西部地区参保职工中退休职工比例高些，在岗职工比例低些。从表 3-4 参保人员占在岗职工比例看出，东部（77.8%）高于西部（70.11%）和中部（68.77%）。而不论哪个地区，退休的老年人或许都是医保基金主要消费群体。其二，或许是西部地区参保人员由于收入水平低，平时预防保健工作做得差一点，生病频率高一点。

表 3-4　2015 年中国各区域城镇职工基本医保基金运行情况

地区	基金收入/亿元	基金支出/亿元	累计结存/亿元	参保人数/万人	人均医保基金支出/元	参保人员中占在岗职工比例/%
东部	4 994.7	4 062	5 911.4	16 654	2 439	77.8
中部	1 436	1 265.6	1 672.5	6 350	1 993	68.77
西部	1 607.2	1 369.1	1 865.8	5 293	2 586	70.11

资料来源：《中国卫生和计划生育统计年鉴 2016》。

二、新型农村合作基本医疗保险的地区差异

从 2015 年人均筹资水平看，东部地区经济发达，筹资水平 524 元最

高，中西部旗鼓相当。由于东部的城镇化水平高于中西部，所以参合人数低些。从人均受益人次比较看，东部最高，中部次之，西部最低没，详见表3-5。

表3-5 2015年中国各区域新型农村合作基本医疗保险基金运行情况

地区	人均筹资/元	本年度筹资总额/亿元	补偿受益人次/万人次	参合人数/万人	人均受益人次/人次
东部	524	756.25	39 440.08	14 423	2.73
中部	482	1 457.34	75 787.59	30 253	2.5
西部	480	1 073.06	50 064.05	22 351	2.23

资料来源：《中国卫生和计划生育统计年鉴2016》。

2015年我国城镇居民基本医保参保人数，东部为15 855万人，中部为7 577万人，西部为8 019万人。东部参保人数基本上是中西部的两倍，原因是中西部特别是西部地区城镇化水平远低于东部地区。

学者牛建林、齐亚强（2016）研究发现，2011年全国约有7%的中老年人没有任何医疗保险。未参保人群既包括社会经济资源相对匮乏者，也包括健康状况较好、预期医疗需求较低的个人。总体而言，医疗保险提高了参保人利用医疗服务的可能性，但不同医保项目的效应强度存在显著差异。作者研究认为，现阶段社会医疗保险项目的统筹层次较低，这在各地医疗卫生资源分布不均衡的现实背景下，极有可能制约医疗保险资源对于缓减看病贵、有病不医问题的实际效应，并在客观上增加了保险的运行和管理成本。学者张鹏（2018）研究认为，由于医疗保险地区差异影响，人们的健康水平存在一定差异，医疗保险对人们的就医行为也存在一定影响。

三、三大基本医疗保险制度的整合

1998年国务院正式发布《国务院关于建立城镇职工基本医疗保险制度的决定》，我国职工医疗保险制度改革进入新的历史阶段。2003年国务院办公厅转发卫生部等部门《关于建立新型农村合作医疗制度的意见的通知》，国家对农民医疗保障真正有了制度上的安排，使当时 7 亿农民结束了无医保的历史。2007 年 7 月，国务院下发《关于开展城镇居民基本医疗保险试点的指导意见》，决定正式开展城镇居民基本医疗保险试点工作，至此我国三大社会医疗保险制度主要由城镇职工基本医疗保险、城镇居民基本医疗保险以及新型农村合作医疗制度构成，三大医疗保险制度的构建提高了城乡居民的整体健康水平，我国全民医保的目标基本得以实现。但随着城镇化的发展，灵活从业人员地区间流动逐渐频繁，参保人员重复参保问题凸显，城乡医疗保障水平差异逐渐扩大，城乡二元医保制度弊端日益显现，因此 2007 年各地开始积极探索统筹城乡居民医疗保险试点工作，即提高医疗保险统筹层次，将城镇居民医疗保险与新农合制度进行整合，如重庆从 2007 年就在其五个区开始了城乡居民基本医疗保险探索工作，天津从 2008 年开始城乡居民医疗保险前期准备工作。2013 年 3 月，十二届全国人民代表大会第一次全体会议审议通过的《国务院机构改革和职能转变方案》提出"整合职工基本医疗保险、城镇居民基本医疗保险和新型农村合作医疗的职责，由一个部门承担"。截至 2013 年，天津、青海、山东、重庆、广东、宁夏、浙江及成都、杭州、珠海等多地基本完成城镇居民基本医疗保险和新型农村合作医疗制度的统筹。2014 年李克强总理《政府工作报告》中再次强调巩固全民基本医疗保险的重要性，并指明进一步提高我国医疗保险统筹层次的紧迫性。到 2017 年，城乡居民基本医疗保险制度在我国绝大部分省份正式建立。

整合后的城乡居民医疗保险参保范围进一步扩大。参保范围覆盖除参加职工基本医疗保险以外所有户籍的城乡居民，包括在校学生，基本实现人人享有基本医疗保险的目标。统一报销比例，即政策范围内住院费用报销比例由原来的三级医疗机构 35%~45%、二级医疗机构 65%~75%、一级医疗机构 70%~80%，分别提高到 60%、75% 和 85%，平均报销比例由原来的 53% 提高到居民的 69%，提高近 16 个百分点；提高最高支付限额，即支付限额由 200 元提高到 400 元；统一医保目录，即纳入报销范围的药品，采取"就宽不就窄"的原则，也由 1 000 余种增加到 4 000 余种。

根据学者张再生（2015）等人的研究，目前中国城乡居民医疗保险制度发展存在地区统筹层次不高、区域间参保缴费标准和保障水平存在显著差异、政府财政补贴比例较大、大部分居民选择低档次缴费、不同级别医院医疗费用报销比差距较小、无差异性政府补贴等问题；未来城乡居民医疗保险制度发展应从以下几方面进行调整：加强医疗保险制度顶层设计，进一步提高统筹层次；根据区域经济发展水平，构建医疗保险长效筹资机制；扩大不同级别医疗机构保障水平差异，引导参保患者合理选择就医；加大特殊群体补贴力度，构建多层次居民社会保险制度；加大政府卫生财政投入力度，夯实基层医疗服务资源保障。

四、基本医疗保险加政府医疗救助有效地改善了人民的健康水平

城镇职工基本医疗保险、新型农村合作基本医疗保险、城市居民基本医疗保险构成了目前我国医疗保险体系的主要内容，基本实现了医疗保险的"制度全覆盖"。同时，经过多年的改革和发展，基本医疗保险的覆盖范围不断扩大，保障水平不断提高，管理体系和运行机制不断完善和成熟，社会基本医疗保险改革取得了较大的成效，一定程度缓解了人们"看病难，看病贵"的问题。

随着经济的发展以及人民生活水平的提高，健康需求进一步得到释放。随着中国社会保障制度改革的深入和医疗保险的改革、社会救助制度的完善，加上政府倡导的要让人人享受改革发展成果的指导原则，特别是近年来政府推行的精准医疗扶贫项目的实施，政府医疗救助力度与日俱增。

表 3-6 政府医疗救助情况

年份	资助参加医疗保险/人次	资助参加医疗保险支出/万元	资助参加合作医疗/人次	资助参加合作医疗支出/万元	直接医疗救助/人次	直接医疗救助支出/万元
2010	14 612 455	76 050	46 154 190	139 620	14 793 185	1 042 328
2013	14 900 867	144 061	48 687 404	300 427	21 263 657	1 804 597
2015	16 661 431	177 258	45 468 717	367 577	25 158 725	2 145 715

从表 3-6 可以看出，从 2010—2015 年，政府进行的直接医疗救助人次和花费的医疗救助资金增速较快。社会医疗保险改革的深入推进加上政府救助力度的增加，人民健康水平得到显著改善，预期寿命已经从 2000 年的 71 岁上升到 2015 年的 76.1 岁，处于世界中上等水平。新生儿死亡率从 1990 年的千分之 24.9 下降到 2015 年的千分之 5.5。同时，我们也应该清醒地看到，老龄化的提前到来、疾病谱的改变、环境的改善、不断上涨的医疗费用，给现有有限的卫生资源和医保基金的平稳安全运行带来了潜在的挑战。

第四章　医疗保险基金效率评价

本章第一节首先从不同学科视角出发，从理论上阐述效率理论，然后解析了医疗保险基金的使用效率含义。在此基础上探讨了我国医疗保险基金使用效率现状，发现当前医疗保险基金使用效率还有较大提升空间，并简要分析了医疗保险基金使用效率低下的主要原因，也就是第二节的主要内容。第三节主要介绍国内外关于医疗保险基金使用效率的评价研究。从设计思路看，澳大利亚的国民健康绩效框架由健康状况、健康影响因素和卫生系统绩效三部分组成，明显体现以健康促进为中心的指导思想；英国国民健康服务绩效框架由财务和质量两部分组成，凸显了财务的重要性；美国质量报告直接由八个维度组成，这八个维度关注了可及性、效率性、服务质量，但制度效率的指标占据了大部分。从三国的评价框架中，可以看出在对医疗保障整体评价时，划分维度更加详细，如公平性、效率性、有效性、安全性、患者满意度。从指标选择上，更加精细化，通过对等待时间的衡量、预约时间来评价就诊效率；注重服务的协同性；将医疗服务和医疗保障评价都包含在内；通过对特殊病种的预防、治疗来评价医疗服务的有效性等；并且都关注公平、财务、效率与患者满意度。国内关于医疗保障（险）效率的评估相对较晚，主要分为三个层次：从宏观上研究医疗保障制度本身的效率以及医疗保障（险）效率与公平的关系，从中观上研究三大基本医疗保险的效率评价，从微观上研究政府卫生支出的绩效。

第四节是借鉴国内外关于医疗保险基金使用效率的评价方法，以我国官方公布的数据资料为基础，同时从医疗保险基金的技术效率、产出效率和结果效率三个层面实证分析近年来医疗保险基金的使用效率后得出结论：过去几十年来医疗卫生改革取得的成绩是显著的。国家对医疗卫生重视最直接的体现是医疗卫生费用随着经济的增长而同比率甚至更大比率地增长。总体上看，医疗保险基金的技术效率和产出效率都是可观的，其结果效率也是显著的。但是，医疗保险基金的技术效率、产出效率和结果效率都表现出明显的城乡差距；这应该引起高度关注。

第一节 效率理论

一、效率的一般含义

效率原为机械学的概念，指输出的热能量与输入的热能量之间的比例。随着社会的发展，效率概念的经济学意义日益深入人心，此后效率又用来分析社会制度，而且逐渐表示一种价值判断，即"有效率"。

二、经济学意义上的效率

法雷尔（Farrell，1957）最早开始对经济效率进行专门的研究。他认为，厂商的经济效率包括技术效率和配置效率，他将技术效率定义为在一定的投入水平下产出最大化或者在给定的产出水平下投入最小化，这个指标不关注投入指标的成本而关注于对现有的投入是否得到了最为有效的利用。配置效率的关注点在于投入成本的情况，即为在给定的价格水平下而达到最优的投入组合从而获得最大利润的能力。因此，经济效率是在技术效率和配置效率二者共同作用下达到的。一个技术无效率的例子是需要更多的人去完成一定的任务。一个配置无效率的例子是错误的人去执行错误的任务（如企业老板去打字而不是去管理公司）。

总的来说，经济效率要求在给定技术和稀缺资源的条件下，生产最有质量和最多数量的商品和服务。在不会使其他人境况变坏的前提下，通过一项经济活动不再有可能增进任何人的经济福利，则该项经济活动就被认为符合帕累托效率。

经济学领域的效率的含义有两层：一是单位资源的投入产出比，二是单位时间的产出比。在经济学中，效率概念可简单表述为，产出与投入之比或投入的最小化与产出的最大化。

（一）不同学派的经济学效率

古典经济学派代表人物亚当·斯密从两方面研究了增进财富效率的途径。一是微观的生产效率。二是宏观的制度效率，即在什么样的制度下，社会资源配置效率才会得以提高。而提高工厂生产效率的方法在于分工和资本积累。提高社会效率的因素，不仅有分工和资本积累，还有制度，亚当·斯密认为提高效率的最优制度是自由竞争的市场经济制度。

新古典经济学派是19世纪70年代开始的经济学边际革命，使经济学效率观从财富数量观转变为效用观。经济学的核心问题变成在有限的资源约束内如何找到满足或实现消费者和生产者收益最大化的均衡点的问题。同时数学微积分知识在经济学领域应用不断深化，边际学派认为，一个人所拥有的资源有多种用途时，一定会按各种资源在使用中的边际效用相等的原则来配置资源，而资源在整个社会的优化配置，又只有通过自由竞争才能实现。边际革命标志着现代经济分析的开始。

福利经济学派代表人物帕累托在边际主义学派瓦尔拉斯的一般均衡理论基础上考察了资源最适度配置问题，提出了"帕累托最优"思想，即不可能在不损害其他人福利的情况下使至少一个人的福利状况变好。说明这时社会资源得到最优配置，经济运行到达最高效率。"帕累托最优"成了检验社会资源效率的标准。

（二）微观经济效率

微观经济效率通常是指一个经济实体所产生的效率，现在扩展到一项制度所产生的经济效率。一般可以解释为节省了资源，以最小的投入获得最大的产出。经济效率通常包括生产效率、配置效率、技术效率及纯技术效率、规模效率等。生产效率则是中性的，即产出与投入的比，或者理解为最后的产出是什么；配置效率是指不同的资源是否公平的在不同群体之间分配。技术效率，则可以理解为是否在既定的投入下，通过改进技术，获得更多的产出。

三、社会学意义上的效率

从社会学角度讲，社会效率寻求的不是"帕累托最优"所要求的绝对均衡，不是像厂商一样追求利润最大化，而是更强调社会福利的最大化。社会效率是指社会生产对提高社会全体成员生活质量，促进社会发展的能力，那么社会效率用于衡量人与人之间的沟通成本。从社会效率的内涵来看，社会效率表达了制度效率的内涵。社会学学者一般认为社会效率包括政府效率、教育效率等，提升社会效率是实现社会公平的根本途径。社会效率的提升过程就是充分利用各种社会资源，而其中主要是利用物质资源来实现社会效益的最大化。

四、制度学意义上的效率

20世纪60年代，道格拉斯·诺思从制度变迁的角度提出制度效率的概念。制度效率是指在一种约束机制下，参与者的最大化行为将导致产出的增加，反之亦然。实际上，制度效率最根本的特征在于能够提供一组有关权利、责任和利益的规则，为人们的行为提供一定的规范，最小的投入取得最大的产出，使生产、交换和消费实现帕累托最优。

新制度经济学将经济效率应用到制度经济学上，将制度也视为一种稀缺资源，从而也面临最优配置问题，具有开创性意义。新制度经济学家罗纳德·科斯从成本与收益的对比来解释制度的效率。罗纳德·科斯认为制度的成本分为两种，一种是制度本身的成本，即为此所花费的成本就构成制度自身设计、制订、实施和变革等的成本；另一种是在特定制度下人们从事经济活动即交易所花费的成本。制度的设计和制定，为众多交易者提供了一个交易环境，降低了进行交易时所付的成本；制度收益则指制度降低交易成本、减少外部性和不确定性等的程度。

学术界一般将制度效率划分为两个层面，一个层面是指制度的外在效率，一种宏观上的效率，主要指制度产生的对经济和社会的效益；一个指制度的内在效率，一种微观上的效率，即制度运行效率，制度在运行中能够以最小的成本来获取最大的利益。

第二节 医疗保险基金的使用效率

一、医疗保险基金使用效率的含义

医疗保险基金是国家为了具体实施医疗保险制度而特意建立起来，给社会成员提供基本医疗保障的一项资金。社会医疗保险基金的筹集和管理具有强制性，不以营利为目的；是以法律的形式向参保单位和个人征集的医疗保险费，具有现收现付的性质。

从经济学角度讲，效率就是在给定投入和技术条件下，经济资源没有浪费，或对经济资源做了能带来最大可能性的满足程度的利用。在不会使任何其他人境况变坏的前提下，如果一项经济活动不再有可能增进任何人的经济福利，则该项经济活动被认为是有效率的，即前面谈到的"帕累托效率"，否则被认为是低效率的。

根据前文对医疗保险基金和效率的界定，医疗保险基金的使用效率主要从以下几个方面来理解。

（一）从医疗保险基金的收支状况分析

我国医疗保险基金的筹集采取现收现付制，以"以支定收、收支平衡、略有结余"为原则。通过支出确定费用的收取，使医疗保险收入与支出在年度内大体平衡。从这个角度来看医疗保险基金的使用效率，主要是医疗保险基金的收支之间的比例关系，即当年医疗保险基金支出占医疗保险基金收入的比重，如果比重大于 90% 小于 1，说明医疗保险基金使用是有效率的，否则就是不够有效率的。

（二）从医疗保险基金是否达到预期的效果方面分析

设立医疗保险基金的目的是为社会保障制度提供经济基础，保证其长期可持续的发展。医疗保险是为补偿劳动者因疾病风险造成的经济损失而建立的，是为了降低参保者的医疗成本，解除其后顾之忧。医疗保险基金是否达到预期的效果，主要是看制度的可持续性以及参保者的满意度，医疗保险制度是可持续发展的，参保者满意度较高说明医疗保险基金使用是有效的，否则是低效率的。

（三）从医疗保险基金的用途方面分析

医疗保险基金主要是为了降低参保者医疗成本，满足参保者基本的医疗保障需求，因此医疗保险基金包括统筹账户基金和个人账户基金。全部都是用在医疗保障方面的而不应该在其他方面使用。

二、医疗保险基金使用效率

（一）医疗保险基金使用效率现状

1. 医保的使用限制过多，导致医保使用便捷性差

目前，为了使医保基金得到更好的使用，各地采取措施加强对医保基金使用的监督和管理。在一些医院，使用医保得先排队，不使用医保自费的就不用排队等。2015 年 9 月 16 日，中央电视台曾经播放过一则新闻，职工参加了医保，使用医保住院要等床位。医院给了每个科室使用医保住院的名额是有限的，而且使用医保住院的病人的治疗费有限制，超过上限治疗医生就要受到相应的处罚。根据调查发现，个别地方特别是边远地区的某些医疗机构，医保基金的指标和数量都已经定额化下放到每个医院，细分到每个科室，超过限制相关责任人要自行负责。这样对医保的使用进行了严格的限制和管理，同时也限制了参保者的使用。

2. 医保基金个人账户基金闲置较为严重

我国医疗保险采取社会统筹账户与个人账户相结合的管理方式，统筹账户中的基金主要来源于参保人所在单位的缴费，按照 1998 年《国务

院关于建立城镇职工基本医疗保险制度的决定》规定，单位缴费标准为上一年度职工平均工资的6%。目前我国部分省市已经超过这一标准，如长沙7%、广州8%、镇江9%、上海12%等。统筹账户资金可以在统筹范围内调剂使用，具有互助功能。个人账户中的基金，来自参保者个人缴费，主要用于门诊急诊医疗费、急救车中的急救费和在定点零售药店按医疗保险有关规定购买的药品费用等。个人缴费标准为职工个人上一年度工资的2%。个人账户中的基金主要自助，只能归其所有人支配使用。根据国家统计局官方统计资料显示，目前我国基本医疗保险基金中的个人账户基金累计结存数额较大，约占我国医疗保险基金累计结存的35%~40%。个人账户的基金归个人支配，政府难以控制其使用范围，一般的药店都可以使用。按照国家相关规定，禁止参保人使用个人账户余额购买除药品和简单的医疗设备外的其余物品。但是，由于监管环节的漏洞，一些零售药店依然摆放着生活物品，诸如牛奶、大米、植物油等，一些身体相对健康的投保人也在明目张胆地使用个人账户购买生活用品。除此之外，医疗保险个人账户中的基金，没有利息收益，难以进行投资运营，这是医保基金效率不高的重要表现。

3. 医保基金的归属权不明确

归属权不明确就容易造成"公共的悲剧"。在《社会保险法》中，关于社会保险基金的规定明确表示，社会保险基金专款专用，任何组织和个人不得侵占或者挪用，通过预算实现收支平衡，出现支付不足时，县级以上人民政府给予补贴。社会保险基金存入财政专户，在保证安全的前提下，按照国务院规定投资运营实现保值增值。社会保险经办机构应当定期向社会公布参加社会保险情况以及社会保险基金的收入、支出、结余和收益情况。一系列的规定并没有说明社会保险基金的归属，这就给参保者造成了一个误区，"医疗保险基金是政府的基金，不用白不用"，这样的观念本身也会导致医疗保险基金的浪费或者过度消费，使得其效率不高。

4. 出现了一些不必要的医疗保险资金的浪费

有时，在为投保人员提供医疗服务的过程中，医务工作者会经不起利益的诱惑，做出一些不合法的事情，导致一些不必要的医疗保险资金浪费。这些医务工作相关人员想要得到较多的经济收益，不管患者病情严重与否让其使用高档次的、高消费的药品或器材，使用价格更贵而不是用价格相对便宜的医疗设备和医疗器械，为其开过度的检查、开大处方等，运用这些方式来提高自身的收益。更有甚者，有的医疗机构把为患者开具高端仪器设备的检查、新药特药的使用进行量化，分配到科室主任，科室主任又进一步细化分配到具体的医生，并与个人的奖金等收入挂钩。

5. 医疗保险资金的利用率与使用效率较低

我国的相关医疗保险机构有一个目标，那就是"以收定支，收支平衡，略有结余"，以它为目标进行管理监督，同时，对相应的医院实施预算定额方式的管理体制。尽管有相当一些医院可以达到"以收定支，收支平衡，略有结余"的发展目标，但有些医院比较担心本院的收入不稳定，就会想尽一切办法使自己的资金额度增加，如病人在医院看病时，将病情严重程度分隔开来，病情较轻的患者也适当建议病人住院观察；通过分解就诊人次，采取轻病住院、重复住院、重复挂号、分解处方等手段增大就诊人次、就诊数量，最大限度地增加定额费用的现象更是屡见不鲜。总之，相关医院总是运用此类方式会导致医疗保险资金更多的支出，也会降低医疗保险资金的利用率。

（二）影响医疗保险基金使用效率的主要因素

1. 医疗机构的信息建设方面较不严谨，很难实现资金在运营过程中的保值增值

我国现阶段还没有研发出适合我国国情的一套完整的医疗保险信息管理体制，全部都是由募集资金的地区自己开发出来的，并不统一，所以，信息建设方面并不严谨。原因之一是我国的医疗保险机构依旧在开发信息技术，而且没有投入足够的资金，这会使信息网络体系的建设延迟，更加会使医疗保险体制中的相应数据在总结时出现误差。

2. 缺失了财务方面监督管理的主体，也缺失了内部的监督管理体制

我国医疗保险资金财务监督管理的主体包括的范围比较广，例如劳动保障机构、劳动审计机构等，这些机构之间有一定的监督管理任务，其责任并没有很好地分开，所以在施行监督管理工作时，常常会重叠在一起，这就阻碍了财务管理部门发挥其监督管理的效能。内部缺少一定的优化监督管理体制，就会丧失监督管理的严谨性与公平公正性，同时也会降低监督管理工作人员的工作效率，有时甚至会因为一己私利而酿成大祸，严重阻碍了医疗保险资金使用效率的稳定发展。

第三节 国内外医疗保险基金使用效率等相关问题研究

一、国外研究情况

国外的医疗保障制度和卫生系统之间往往有很大的关联性，因此国际上对医疗保障的定义是广义上的医疗保障制度，包括医疗卫生服务、药品流通体制、公共服务。对医疗保障制度的评价往往分为公平、效率、患者满意度。评价维度中往往包括安全性、及时性、效率性、可及性等。总体上，国外的医疗保险评估指标体系主要分为两类，一类偏向于评估医疗保险的效率，对医疗保险的评价主要从投入、产出和效果等角度进行评价。这时的评估主体以工具理性为准则，对评估的对象更多地强调效率，注重投入和产出。代表者是美国医疗管理之父阿维迪斯·多那比第安（Avedis Donabedian），他将评价分为结构评价（Structure Evaluation）、过程评价（Process Evaluation）和结果评价（Outcome Evaluation）三个维度。另一类偏向于评估医疗保险的公平，主要关注评估政策的公平性、可持续性和可及性等。这类的评估主体以价值理性为准则，关注评估对象是否实现了政策设立的初衷。但实际操作中都是效率和公平的结合，只是侧重点不同。本节首先介绍世界卫生组织的系统构建模块框架，然后以美国、英国、澳大利亚为例，介绍和效率相关的医疗保险和医疗服

务的评价维度和指标。

（一）世界卫生组织

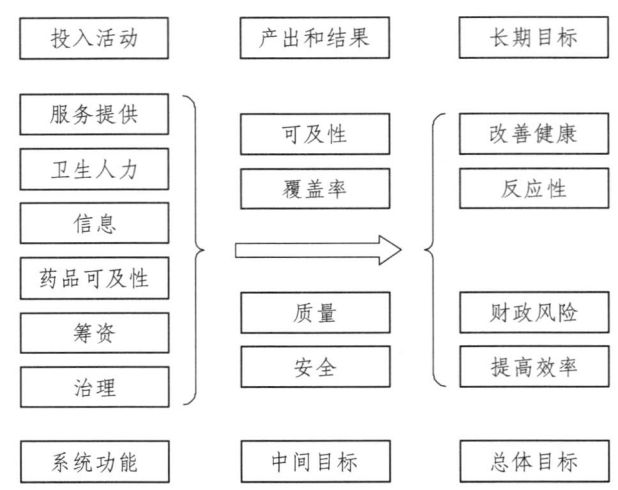

图 4-1　世界卫生组织系统模块框架

资料来源：本图由 WHO 发布的 *Monitoring the Building Blocks of Health Systems: A Handbook of Indicators and Their Measurement Strategies* 报告翻译、整理而来。

世界卫生组织在 2000 年提出《2000 年世界卫生报告——卫生系统：改进绩效》，系统地描述了对医疗保障体系的评估分析框架。该报告提出健康期望寿命、健康平等指数、反应性水平指数、反应性平等指数和筹资公平性指数五个测量指标组成卫生系统绩效评价体系。该评价引起了世界范围内对医疗保障体系评价的重视，2007 年国家卫生合作伙伴关系（International Health Partnership，IHP）开发了一个可以通用的卫生系统监测和评估框架，旨在能够有针对性地加强卫生系统工作的监测和评价。①因此，受到国际卫生组织的启发，WHO 在 2010 年提出"系统构建

---

① 联合国新闻．联合国各机构参与组建"国际卫生伙伴关系"．http://www.Un.org/chineseNews/story.Asp?newsID=8410．
IHP 由一些主要的捐助国和关键的国际组织及发展中国家共同组成，其主要目标是促进各方的合作，加快实现联合国千年发展目标的进程。

模块框架"（Building Blocks），见图 4-1。即通过加强卫生系统改善人群健康结果，通过建立卫生系统六个核心模块组成一个整体，包括投入活动、系统功能、产出和结果、中间目标、总体目标、长期目标六个核心模块共同影响卫生系统。[1]

（二）美国

美国的医疗保障属于市场主导型的，主要通过雇主和雇员购买私人医疗保险来筹资，医疗服务几乎由私营医疗机构来提供。美国医疗服务提供以市场为主，评价工作研究较早但比较分散，1999 年国会授权建立一项监测大众健康状况，提高服务质量的评价报告。众所周知，美国是典型的自由主义福利体制的代表，强调市场在福利配置中的作用，社会保障制度设计十分强调效率。以基本医疗保险为例，美国是主要发达国家中少有的没有实现全民医保的国家，由于过于强调市场的作用，市场中提供的保险具有排他性和竞争性，必然会有部分群体被排除在外。其保障水平的低下、享受条件的苛刻、对权利和义务对等性的强调都体现了制度的效率目标。

正因为强调政策的效率，对医疗保险的评价主要从投入、产出和效果等角度进行。这时的评估主体以工具理性为准则，对评估的对象更多地强调效率，注重投入和产出。基于医疗管理之父多那比第安的结构评价（Structure Evaluation）、过程评价（Process Evaluation）和结果评价（Outcome Evaluation）三个维度的研究，2002 年美国提出了国家公共卫生绩效标准项目（NPHPSP），具有很强的操作性，从而获得了较高的认可度。2003 年该报告建立，之后每年发布一次，每年也会在原有报告基础上做出调整。本书以 2016 年美国医疗卫生研究与质量管理署发布的《国家医疗卫生质量报告 2016》（National Healthcare Quality Report，NHQR）为例进行简要介绍。2016 年报告包括八个维度，包括有效性、病人安全

---

[1] World Health Organization. Monitoring the building blocks of health systems: a handbook of indicators and their measurement strategies [R]. WHO, 2010.

性、及时性、病人中心性、护理协调性（合作）、效率性、卫生系统基础设施和护理可及性。每个维度又包括诸如几个二级衡量指标。如有效性用"常见慢性病护理，整个生命周期"来衡量；病人安全性用"与治疗相关的感染病，手术护理失误引发疾病，药物错误引发并发症"来衡量；及时性用"就医预约时间，等待时间"来衡量；病人中心性用"看病体验，医生与患者之间的沟通"来衡量；护理合作性用"医生之间的协调，医院之间或内部系统信息交流"来衡量；效率性用"可预防的急诊，可预防的住院穿孔并发症"来衡量；卫生系统基础设施用"卫生信息技术，卫生服务人员分布，健康保护安全网"来衡量等。

表 4-1 美国"国家卫生保健质量报告"

一级指标	二级指标	一级指标	二级指标
有效性	常见慢性病护理，整个生命周期	护理合作性	医生之间的协调，医院之间或内部系统信息交流
病人安全性	与治疗相关的感染病，手术护理失误引发疾病，药物错误引发并发症	效率性	可预防的急诊，可预防的住院穿孔并发症
及时性	就医预约时间，等待时间	卫生系统基础设施	卫生信息技术，卫生服务人员分布，健康保护安全网
病人中心性	看病体验，医生与患者之间的沟通	卫生护理可及性	医疗保险、医疗支付能力资金来源，阻碍可及性的问题，医疗资源利用率

资料来源：2016 National Healthcare Quality and Disparities Reports。

（三）英国

英国 1948 年建立国民健康服务体系（National Health Service，NHS），即国家医疗保障制度。医疗保障制度与医疗服务密不可分，英国医疗卫生体制也不断地改革与完善，因为是全民医疗，所以改革的主要目标是尽可能公平地提高效率。为此，英国采取了很多措施，如在医疗服务内部引入市场化竞争、建立医疗卫生体制评价体系，自 20 世纪 80 年代就开始针对 NHS 体系进行评价。英国对 NHS 的评估主要包括 6 个一级指标：健康改进（Health Improvement）、公平可及性（Fairaccess）、适宜卫生服务的有效提供（Effective Delivery of Appropriate Health Care）、效率（Efficiency）、患者感受（Patient/Carer Experience）、NHS 服务的健康结果（Health Outcomes of NHS Care）。一级指标下再分设若干个二级指标。

1. 健康改进

健康改进下包括男性期望寿命、女性期望寿命、癌症死亡率、循环系统疾病死亡率、自杀率、事故死亡率、18 岁以下受孕数、5 岁儿童正常牙齿数、婴儿死亡率这 9 个二级指标。

2. 公平可及性

公平可及性下包括乳腺癌检查、子宫癌检查、冠心病手术率置换、关节手术率、切除白内障的手术率、全科医生数、滥用毒品者中获得毒品治疗服务的增长这 7 个二级指标。

3. 适宜卫生服务的有效提供

适宜卫生服务的有效提供下包括儿童免疫率、流感疫苗率、中风治愈率、髋关节骨折治愈率、初级保健管理—急性症、初级保健中的精神健康、抗菌药的处方率、抗溃疡药的处方率、器官捐赠这 9 个二级指标。

4. 效　率

效率包括日病例处理率、等待时间、普通处方、门诊病人预约失败率、数据质量这 5 个二级指标。

5. 患者感受

患者感受包括 6 个月住院病人的等待时间、13 周门诊病人的等待时间、2 周癌症患者等待时间、延迟出院、得到全科医生诊疗这 5 个二级指标。

6. NHS 服务的健康结果

NHS 服务的健康结果包括急诊数、儿童低呼吸感染急诊、精神病人重新入院、出院后接着就急诊重新入院、髋关节骨折治愈后接着急诊重新入院、中风治愈后急诊重新入院、乳腺癌生存率、肺癌生存率、结肠癌生存率、术后 30 天内死亡数（非急症）、心脏搭桥手术后 30 天内的死亡数、髋关节骨折入院 30 天内死亡数、中风入院 30 天死亡数、术后 30 天死亡数（急症）、戒烟 4 周后中止戒烟这 15 个二级指标。

  英国的医保评估指标体系以医疗服务提供为基础，关注医疗卫生服务和资源多大程度上满足国民的公平性、可及性，以及国民对服务的满意度等。之所以出现这种情况，是由英国本身的福利文化和医疗保障体系模式等因素决定的。第二次世界大战后，英国率先在全球建立了福利国家，为国民提供了从摇篮到坟墓的福利保障。一方面以贝弗利奇报告为标志的新福利理念形成，政府对"个人贫困等问题的出现归咎于个人"持否定的态度，认为个人遭遇到的诸多不幸是由于社会的原因，应该发挥政府的责任；另一方面也是受到集体主义社会福利思想的影响，强调对公共利益的关注和结果的平等。

（四）澳大利亚

  澳大利亚则于 1984 年建立起全民医疗保险制度，医疗保险制度不仅覆盖治疗项目，还覆盖与健康有关的预防、健康教育、老年护理、母婴健康等领域，1999 年澳大利亚着手建立卫生系统评价框架。

  本书选用 2014 年澳大利亚国民健康绩效委员会（简称 The National Health Performance Committee，NHPC）发布的国民健康绩效框架（National Health Performance Framework，NHPF）。该框架在健康和福利研究院（Australian Institute of Health and Welfare，AIHW）网站上可查。该框架建立于 2001 年，每两年发布一次，目前分为三个领域即健康状况、健康影响因素和卫生系统绩效，其中卫生系统绩效是对卫生服务提供过程与效果的评价，是框架的主要部分，主要包括有效性、安全性、护理的连续性、可及性、效率和可持续性、反应性，详见表 4-2。

表 4-2 澳大利亚国家卫生绩效框架中卫生系统绩效部分

一级指标	二级指标列举
有效性	潜在可预防住院的情况,疫苗免疫率,重症冠心病等疾病生存比例,潜在的可避免的死亡
安全性	医院中不良事件,护理不当导致患者伤害
护理的连续性	糖尿病患者得到全科医生年度周期护理比例,哮喘患者享受"书面哮喘行动计划"的比例,精神疾病患者享有全科医生护理计划的比例
可及性	手术、急诊等待时间,医院手术种类差异,怀孕者在前三个月中孕前检查比例,癌症筛查率,全科医生诊费由医疗保险覆盖比例
效率和可持续性	卫生人力的净增长,病人平均护理费用
反应性	医护人员服务态度,医护人员与患者沟通,患者等待时间

资料来源:Australian Institute of Health and Welfare:*Australia's Health 2014*

总体上看,从设计目的上,三个国家卫生系统绩效评价框架有如下特点:卫生系统概念界定不同,这主要受本国医疗保障制度模式影响;卫生系统概念界定又决定了评价范围的大小;评价内容侧重主要是由卫生系统现有问题、目前的改革内容所决定。

从设计思路看,澳大利亚由健康状况、健康影响因素和卫生系统绩效三部分组成,明显体现以健康促进为中心的指导思想;英国国民健康服务绩效框架由财务和质量两部分组成,凸显了财务的重要性;美国质量报告直接由八个维度组成,这八个维度关注了可及性、效率性、服务质量,但制度效率的指标占据了大部分。从三国的评价框架可以看出,在对医疗保障整体评价时,划分维度更加详细,如公平性、效率性、有效性、安全性、患者满意度。从指标选择上,更加精细化,通过对等待时间的衡量、预约时间来评价就诊效率;注重服务的协同性;将医疗服务和医疗保障评价都包含在内;通过对特殊病种的预防、治疗来评价医疗服务的有效性等;并且都关注公平、财务、效率与患者满意度。

此外,还有 Fenwick(1995)提出的 3E 评价体系,从经济(economy)、效率(efficiency)与效果(effectiveness)三个方面评价政府绩效。Pradhan

（1997）提出采用社会成本—效益分析方法和利益归宿方法评价政府卫生支出绩效，这种评价方法也为我国一些学者所采用。

二、国内研究情况

国内关于医疗保障（险）效率的评估相对较晚，主要分为这几个层次：从宏观上研究医疗保障制度本身的效率以及医疗保障（险）效率与公平的关系，从中观上研究三大基本医疗保险的效率评估，从微观上研究政府卫生支出的绩效。

（一）从宏观上研究医疗保障制度本身的效率

不同学者给出了不同的医疗保障制度效率，但是学者们一致认为公平是医疗保障制度追求的最终目标，各项制度设计均为此目标服务。效率是实现目标的手段，是制度设计和运行的重要标准。

王虎峰（2011）教授认为医疗保障制度效率是指在既定投入和特定技术的条件下，经济和卫生医疗资源没有浪费，为制度或项目享有者带来最大可能性的健康增加的情况。评价一种医疗保障项目的效率如何，应从筹资和医疗服务提供以及两者相互关系这三个角度入手。筹资主要指医疗保障项目筹资机制的筹资能力，即该机制所能筹集的资金总量；该医疗保障筹资机制筹资的成本，即该机制完成一定份额的筹资需要消耗的资源程度。医疗服务提供，通常评估医疗服务机构提供的服务总量和单位服务的成本，以及医疗服务机构人力资源和资金投入的产出情况。筹资和医疗服务提供两者相互关系：包括宏观效率和微观效率。前者指一国用于医疗保障的投入与国民健康之间的关系，通常用医疗保障投入占国民收入的比重与人均预期寿命和婴儿死亡率的对比情况显示；微观效率则是指特定的制度下利用有限的资源实现效益最大化的能力，即单位卫生医疗投入所产生的医疗服务数量和质量。

学者朱铭来、奎朝（2011）认为基本医疗保障制度效率为：实施这项制度后，医疗费用是否得到有效控制、医疗资源是否得到合理配置、医疗质量是否有所提高。评价医疗保障制度的效率高低，其本质就是测量与拟合它的现实状态与理想状态之间的距离。在这个核心思想的基础上,可以进一步引申出一系列指标。资源配置效率和运营效率是指:医疗保障制度在既定产出下成本的最小化,用保障制度本身的资源配置效率和运营效率来实现这一目标。带给消费者应有的效用是指:医疗保障要能够带给购买者应有的效用,作为卫生服务产品交易过程中的筹资渠道,医疗保障对消费者的效用满足体现在对医疗费用的补偿能力,对医疗费用上涨的控制能力,对医疗服务产品质量的监督能力和对医疗资源配置的影响能力上。

(二)从中观上研究三大基本医疗保险效率的评估

国外的医疗保险评估对象一般是整个医疗保险制度,而我国现有的医疗保险评估研究多是对某一项医疗保险制度的评估。国内对医疗保险评估指标体系的相关研究主要包括对城镇职工基本医疗保险、新农合和城镇居民医疗保险的评估,这主要是由于我国多年来碎片化的医疗保险制度。

1. 对城镇职工医疗保险效率评估指标体系的研究

因为城镇职工医疗保险制度设立的时间比其他制度早,而且相关的数据也较丰富,所以研究的成果较多。申曙光等学者(2012)从调研地区的社会医疗保险信息管理系统提取出职工医疗保险参保人的个人信息、缴费信息和报销信息等系统的实际微观数据,对医疗保险基金的收支风险进行了评估。有的学者结合某地区的实际情况进行评估,如汪红(2011)针对辽宁医疗保险发展的实际,设计出医疗保险基金风险预警体系,主要包括管理风险、道德风险、操作风险和医疗需求风险。也有学者利用国外的理论进行评估,如李珍等(2014)利用世界卫生组织的三维指标即医疗保险覆盖人群占总人口的比例、医疗保险可提供范围、医疗保险承保的卫生服务费用比例,评估了城镇职工医疗保险的公平性。也有学者从医疗保险的健康绩效角度出发展开研究,如陈华等(2016)使用中国健康营养调查(China Health and Nutrition Survey,CHNS)2009年和2011年的数据,选定短期健康状况评价指标和长期健康状况评价指标,对城镇职工基本医疗保险的健康绩效进行了实证分析。结果表明:

参加城镇职工基本医保能在一定程度上改善参保者的短期健康状况，并能显著提高参保者长期健康水平，尤其体现在降低参保者罹患心脑血管疾病的概率上。城镇职工基本医疗保险对参保人群健康具有积极作用，即产生了正向的健康绩效。

2. 对新型农村合作医疗保险效率的评估指标体系的研究

新农合从2003年试点至今已有十几年的时间，对于其评估研究的学术成果也较多，有的从制度运行的角度对其进行评估，如刘丹（2006）等从组织管理、基金管理、医疗服务管理、监督管理、结果5个一级指标对新农合的综合评价指标体系进行构建。也有研究从价值维度对其进行评估，如孙健等（2009）从公平、效率、质量与可持续4个维度建立新农合运行质量评价体系，并对每个指标进行详细的分解。也有学者专门对制度的执行绩效进行评估，如张扬金（2008）对新农合政策执行绩效评估的价值维度分为经济价值、效率价值、效益价值及公平价值等四个方面。

3. 对城镇居民医疗保险效率评估指标体系的研究

由于制度设立的时间较晚，所以大部分评估研究都在近几年。如赵吟（2013）基于"结构—过程—结果"评价理论，构建了由结构、过程和结果3个一级指标为主要结构的城镇居民基本医疗保险评价指标体系，包括3个一级指标、6个二级指标、21个三级指标。这里主要借鉴了国外医疗保险评估的理论和方法，利用了较为传统的评估框架。也有学者对医疗服务的利用情况进行评估，如于大川（2015）利用中国健康与养老追踪调查（China Health and Retirement Longitudinal Study，CHARLS）2011—2012年中国基线调查数据，从医疗服务利用的视角对城镇居民医疗保险的运行效果进行实证评估。

（三）从微观上研究政府卫生支出的绩效（效率）

从微观层次研究政府卫生支出绩效（效率），学者们一般都使用数据包络分析法（Data Envelopment Analysis，DEA），如学者郑飞鸿等（2017）研究了安徽省2012—2015年基本社会保障投入产出的效率。研究结论显示：皖中地区的综合效率（技术效率）、纯技术效率、规模效率高于皖南和皖北地区，皖南地区的纯技术效率显著高于皖北地区，皖北地区的规模效率与皖南地区差异较小。

宋占军教授等人（2014）以人均基本医疗保险基金收入、人均商业健康保险收入、城乡人均医疗保健支出、人均卫生行政和医疗保障管理机构费用作为投入指标，产出指标选择有非个人现金卫生支出占比、基本医疗保险参保率、基本医疗保险当年结余率、预期寿命，通过 DEA 两阶段的分析，首先评估我国 2007—2011 年北京、天津等 9 省市医疗保障体系的绩效和全要素生产率变化发现，医疗保障体系投入产出远未处于最优状态，城镇化、老龄化都是降低医疗保障体系绩效的重要因素。

学者杨玲等（2013）从国家层面选取过程绩效指标和结果绩效指标作为中国政府卫生支出健康绩效评价的指标体系。过程绩效指标包括诊所（卫生所、卫生室、护理站）数量、疾病预防控制中心数量、妇幼保健院（所/站）数量、技术人员占卫生服务人员比例、各地区每千人口卫生技术人员数量、产前检查率、住院分娩率、非营利性医院门诊人次、非营利性医院病床使用率；结果绩效指标包括人均政府卫生支出、城乡社会医疗保险参保率、医疗救助人次占人口百分率、饮用自来水人口占农村人口。采用 DEA 方法研究发现，我国政府卫生支出的持续增加对健康产出过程绩效的作用优于结果绩效，且存在显著的地区差异，规模效率与技术效率分别是影响我国政府卫生支出过程绩效与结果绩效水平的主要因素。

学者王冰等（2014）则从区域层面构建医疗卫生支出效率评价指标，运用熵值法来测算各指标的权重，以地方财政医疗卫生支出效果为目标层，控制层指标包括卫生人员水平、卫生设施水平、卫生费用水平、医疗服务水平、人口健康水平、疾病控制与公共卫生水平、医疗保险制度建设水平，包括每千人口执业（助理）医师人员数（人）等 22 个指标作为变量层。研究发现，我国医疗卫生支出效率由高到低依次为中部、东北部、东部、西部。医疗卫生支出效率呈现先增后减的循环变动趋势。

第四节　医疗保险基金使用效率实证分析

总结学术界关于医疗保险基金的效率问题发现，一般使用卫生支出效率来评价。卫生支出效率一般又分为产出效率（Output Efficiency）和结果效率（Outcome Efficiency）。产出效率包括患者就诊、医疗机构、医生诊疗的数量等；结果效率包括生命质量和长度的提高以及平等健康水平的获得。国外对（政府）卫生支出效率进行研究时，通常选择结果效率，即以预期寿命、婴儿死亡率、居民的主观感受等作为衡量指标；而国内许多文献在对政府卫生支出效率进行衡量时选择产出效率进行研究，通常考察卫生机构数、卫生技术人员数、床位数等。

一、医疗保险基金使用效率的评价指标选择

本书在研究医疗保险基金使用效率时拟同时从医疗资源技术效率、产出效率和结果效率三个层面进行分析研究。所谓医疗资源技术效率（Technical Efficiency）指的是最少的投入要素组合所能提供的特定医疗服务类型和数量。因此，要素投入一端主要考察卫生总费用的投入情况；产出一端主要从提供的医疗服务来分析，主要考察医疗卫生机构诊疗人次数、医院病床使用率、医院平均住院日、距离最近医疗单位的距离和时间等指标。产出效率主要从卫生设施来分析，拟选取卫生机构数、卫生技术人员数、床位数等指标来衡量。结果效率主要从人民健康水平层面来分析，拟选取预期寿命、婴儿死亡率、居民两周患病率及严重程度、居民慢性病患病率、居民的主观感受等指标来衡量。所有这些指标的数据来源主要参考历年《中国卫生健康统计年鉴》《2013年国家卫生服务调查》和《中国统计年鉴》等官方公开发布数据。

二、医疗保险基金的技术效率

(一) 卫生总费用的投入

1. 政府、个人及社会卫生支出的比重

卫生总费用(Total Health Expenditure)是以货币形式作为计量手段,全面反映一个国家或地区在一定时期内(通常为1年)为全社会用于疾病预防、治疗、康复和健康教育等卫生服务所消耗的资金总额。从筹资来源法角度讲,卫生总费用分为政府卫生支出(Government Health Expenditure)、社会卫生支出(Social Health Expenditure)、居民个人卫生支出(Out-of-pocket Health Expenditure)三类。

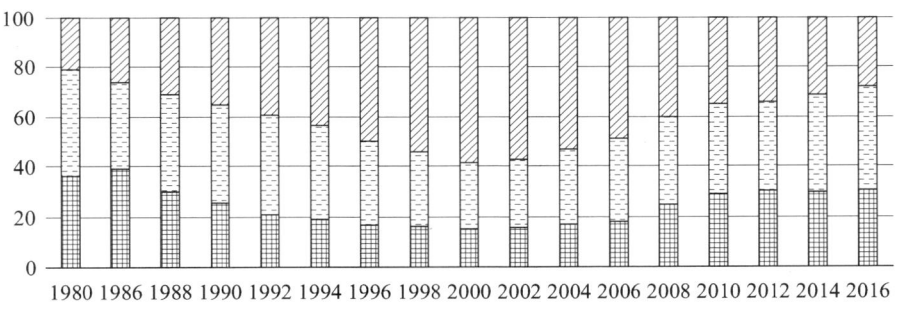

图 4-2 1980—2016 年我国卫生总费用结构

我国卫生总费用从1980年的143.23亿元增加到2016年的46 344.88亿元,从绝对数上看增长达300倍。具体来看,政府卫生支出比重1980—1994年不断下降,从36.24%下降到17.04%,2000—2002年相对平稳,基本维持在15%左右,从2004年开始逐渐上升,直到2016年占卫生总费用的30%左右。详见图4-2。

个人卫生支出比重则经历了与政府卫生支出比重完全相反的变化规律。从1980年的21%左右一直上升,2000年最高达到卫生总费用的58.98%,之后在国家相关政策的引导下,个人卫生支出比重逐渐下降,直到2014年降低到卫生总费用的31.99%,两年后下降到30%以下,完成预期目标,因为2009年国家的《关于深化医药卫生体制改革的意见》要求在2015年个人卫生支出占卫生总费用的比例降低到30%以下。

2. 城乡居民医疗保健消费经济负担比较

城乡居民的人均卫生费用与人们收入水平相比较,城市居民人均可支配收入从1998年的5 425元增加到2016年的33 616元,后者是前者的6.19倍,人均医疗保健支出从1998年的205元增加到2016年的1 630元,后者是前者的7.95倍;农村居民人均可支配收入从1998年的2 161元增加到2016年的12 363元,后者是前者的5.72倍,人均医疗保健支出从1998年的68元增加到2016年的929元,后者是前者的13.66倍。无论是城市还是农村,相对于居民人均可支配收入而言,人均医疗保健支出都较高。相对于城市,农村的人均医疗保健支出经济负担更重。"看病贵"问题依然存在。详见表4-3。

表4-3 全国城乡居民人均可支配收入与人均医疗保健支出对比

年份	人均可支配收入/元		人均医疗保健支出/元	
	城市	农村	城市	农村
1998	5 425	2 161	205	68
2016	33 616	12 363	1 630	929

要比较城乡居民医疗保健支出带来的经济负担,可以选择医疗保健支出占消费性支出的比例这个指标加以衡量。从图4-3可以非常清楚地看出,总体上看,我国城乡居民医疗保健支出占消费性支出的比例都不低,基本占到8%左右。尤其是农村居民医疗保健支出占消费性支出的比例还明显高于城镇居民,几乎达到9.5%左右。

3. 实际报销率

(1) 医保基金的实际报销率。

笔者借鉴褚福灵教授的方法测算实际报销比。实际报销率=医保基金支出/(医保基金支出+实际现金卫生支出)。2009年以来,我国医保基金实际报销率稳步上升,从36%上升到2014年的49%。详见表4-4。

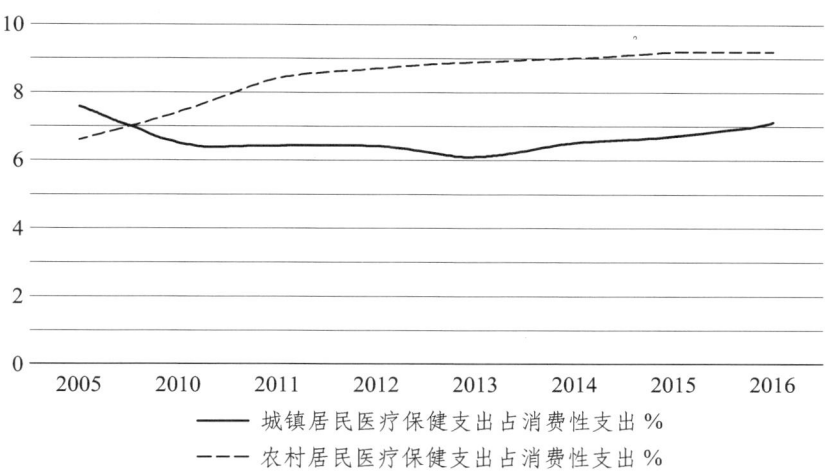

图 4-3 城乡居民医疗保健支出占消费性支出比例

表 4-4 医保基金的实际报销率

年份	医保基金总支出/亿元	个人现金卫生支出/亿元	实际报销率/%
2009	3 720.3	6 571.16	36
2010	4 725.9	7 051.29	40
2011	6 141.59	8 465.28	42
2012	7 951.6	9 656.32	45
2013	9 709	10 729.34	48
2014	11 024	11 295.41	49

注：根据《中国统计年鉴》相关数据整理计算。

（2）农村参保人员人均实际报销率。

接下来再看看人均实际报销率情况。人均实际报销率=人均医保基金支出/（人均医保基金支出+人均实际现金卫生支出）。新农合人均实际报销率=新农合人均医保基金支出/（新农合人均医保基金支出+新农合人均实际现金卫生支出）。由表 4-5 知，新农合参合农民人均实际报销率基本保持在 22% 左右。

表 4-5 新农合参合人员人均实际报销率

年份	农村人均个人现金卫生支出/元	新农合参保人数/亿人	新农合医保基金支出/亿元	新农合人均实际报销率/%
2010	666.3	8.36	1 187.84	18
2011	879.4	8.32	1 710.19	19
2012	1 064.8	8.05	2 408	22
2013	1 274.4	8.02	2 909.2	22
2014	1 412.21	7.36	2 890.4	22

（3）城市参保人员人均实际报销率。

由于统计资料《中国卫生健康统计年鉴》"卫生总费用"中，"城市个人现金卫生支出"并没有把城镇职工和城市居民分开单列，所以只能放在一起计算城市人均实际报销率。由表 4-6 可以看出，我国城市人均卫生实际报销率基本维持在 25%左右。如果能够单独分开来计算实际报销率的话，城镇职工的实际报销率应该要比城市居民实际报销率高得多。

表 4-6 城市居民和城镇职工人均实际报销率

年份	城市人均个人现金卫生支出/元	城市医保参保人数/万人	城市医保基金支出/亿元	城市人均实际报销率/%
2011	2 697.5	47 343.2	4 431.4	25
2012	2 999.3	53 641.3	5 543.6	25
2013	3 234.1	57 073	6 801	26
2014	3 558.31	59 747	8 133.6	27

（二）提供的医疗服务

我国的医疗卫生机构包括医院、基层医疗卫生机构、专业公共卫生机构、其他医疗卫生机构。医疗机构提供的医疗服务一般包括诊疗人次、住院人数、病床使用率、平均住院日、医生人均工作量等指标。

1. 卫生机构诊疗人次数

2013 年，全国医疗机构总诊疗 731 401 万人次，2016 年，总诊疗人次跃升至 793 170 万，说明医疗机构的效率逐渐提高，详见表 4-7。其中，医院的诊疗人次大约占到总诊疗人次的 37%~41%，剩余的基层卫生机构和其余医疗机构的诊疗人次占到总诊疗人次的约 60%，说明人们有病就医时首选的依然是医院而非社区等基层医疗机构，就医习惯的改变是一个漫长的过程。

表 4-7 医疗卫生机构诊疗人次（万人次）

诊疗人次	2013	2014	2015	2016
总诊疗人次	731 401	760 186.6	769 342.5	793 170
医院诊疗人次	274 177.7	297 207	308 364.1	326 955.9

2. 病床使用率和平均住院日

为统计比较，病床使用率和平均住院日都使用医院的数据。病床使用率=实际占用总床位数/实际开放总床位数×100%。平均住院日=出院者占用总床日数/出院人数。从表 4-8 可以看出，我国医院的病床使用率还是比较高的，基本在 85%~90% 之间，平均住院日在 9.5 天左右。

表 4-8 医院的病床使用率和平均住院日

指标	2013	2014	2015	2016
医院病床使用率/%	89	88	85.4	85.3
医院平均住院日/日	9.8	9.6	9.6	9.4

根据原卫生部《综合医院分级管理标准（试行草案）》，二级医院床位使用率标准为 85%~90%，三级医院床位使用率标准为 85%~93%。病床使用率过低，说明床位没有被充分的利用；病床使用率过高说明病床的负荷太重，不能满足更多患者的就医需求。由于公立医院的各种优势所在，公立医院的病床使用率明显高于民营医院。由于三级医院无论是从卫生技术人员的技能水平还是医疗设施的先进程度上都优于二级和一级医院，加之人们收入的增加和健康意识的增强，一般老百姓生病需要住院的话也更愿意到三级医院去住院。很明显，三级医院的病床使用率由 2013 年的 102.9% 逐渐下降到 2016 年的 98.8%（详见表 4-9），说明近年来国家的分级诊疗、双向转诊医改制度的实施是有成效的。但三级医

院的病床使用率依然较高，一些三级医院部分科室甚至楼道里都塞满了病床，挤满了病人。

表 4-9 各类医院病床使用率（%）

医院	2013	2014	2015	2016
医院：公立医院	93.5	92.8	90.4	91
民营医院	63.4	63.1	62.8	62.8
医院中：三级医院	102.9	101.8	98.8	98.8
二级医院	89.5	87.9	84.1	84.1
一级医院	60.9	60.1	58.8	58

3. 住户距离最近医疗单位的距离和时间

2003年，调查的城市住户距离最近的医疗点距离在3千米之内的占到90.8%，3千米以上的占到9.2%；调查的农村住户距离最近的医疗点距离在3千米之内的占到88.5%，3千米以上的占到11.5%。同年，调查的城市住户到最近的医疗点就诊的时间在20分钟以内的占到96.4%，20分钟以上的占到3.6%；调查的农村住户这一数据分别是85.4%和14.5%。到了2013年，调查的城市住户到最近的医疗点的距离在3千米之内且时间在20分钟以内的分别占到93.8%和94.7%，调查的农村住户结果为86.6%和89.1%。详见4-10。对比这些数据发现，我国的城市和农村就医的便捷性和医疗机构提供服务的可及性都在明显改善和提高。

表 4-10 住户距离最近医疗单位距离和时间构成（%）

年份	到最近医疗点距离和时间		城市	农村
2003年	到最近医疗点距离	3千米以内	90.8	88.5
		3千米以上	9.2	11.5
	到最近医疗点时间	20分钟以内	96.4	85.4
		20分钟以上	3.6	14.5
2013年	到最近医疗点距离	3千米以内	93.8	86.6
		3千米以上	6.2	13.4
	到最近医疗点时间	20分钟以内	94.7	89.1
		20分钟以上	5.3	10.9

总的看来，从投入端看医疗保险基金的技术效率逐渐提高但城乡差异明显，表现在城市居民的实际报销率高于农村居民，而疾病经济负担比农村居民较低。从产出端（提供的医疗服务）看医疗保险基金的技术效率正逐步提高，表现在卫生机构诊疗人次数逐年递增，病床使用率维持在合理区间，平均住院日缓慢下降，体现就医便捷性的如距离最近医疗单位的距离和时间等指标都逐渐得到改善。

三、医疗保险基金的产出效率

（一）医疗卫生机构数

医疗卫生机构是指从卫生健康行政部门取得《医疗机构执业许可证》，或从民政、工商行政、机构编制管理部门取得的法人单位登记机构，为社会提供医疗保健、疾病控制、卫生监督服务或从事医学科研和医学在职培训等工作的单位。医疗卫生机构包括医院、基层医疗卫生机构、专业公共卫生机构和其他医疗卫生机构。2002—2016年，医院和专业公共卫生机构数目在增加。基层医疗卫生机构在我国的发展历史还不长，产生于2002年之后，十多年过去了，基层医疗卫生机构的数目增长缓慢，个别年份还在下降（详见表4-11）。但是人们有病就喜欢去大医院看病的就医习惯短期内还未能彻底改变，这或许是基层医疗卫生机构不增反降的原因之一。医疗卫生服务，从提供方来说，可以说是一种公共服务。从患者角度讲，去医院看病实际上就是人们的一种健康消费行为，有需求就有市场。既然患者过去长期养成的就医习惯还未完全转变，为了短期利益，部分医院并不拒绝甚至乐此不疲地接收从基层来的病人。"小病在基层，大病进医院，康复回社区"，贯彻执行国家分级诊疗的医改导向还有相当长的路要走，相关配套改革需要跟上。一些省市推行的"医联体"建设，对分级诊疗制度的贯彻落实效果并不理想，往往表现出"上转容易下转难"的怪象。

表 4-11 医疗卫生机构数

年份	医院	基层医疗卫生机构	专业公共卫生机构
2002	17 844	973 098	10 787
2004	18 393	817 018	10 878
2006	19 246	884 818	11 269
2008	19 712	858 015	11 485
2010	20 918	901 709	11 835
2012	23 170	912 620	12 083
2014	25 860	917 335	35 029
2016	29 140	926 518	24 866

（二）卫生技术人员数

卫生技术人员包括执业医师、执业助理医师、注册护士、药师、检验技师、影像技师等医疗卫生人才。常常用每千人口卫生技术人员数来衡量一个国家一定时期内卫生人力资源数量，每千人口卫生技术人员数=卫生技术人员数/总人口数×1 000。总体上看，我国每千人口卫生技术人员增长较快，2004 年为 3.53 人，2010 年为 4.39 人，2016 年为 6.12 人。卫生技术人员的城乡差别还相当大，城市每千人口拥有的卫生技术人员几乎是农村的两倍，而且这种差距还在拉大，这应该引起政府有关部门的高度重视（详见图 4-4）。

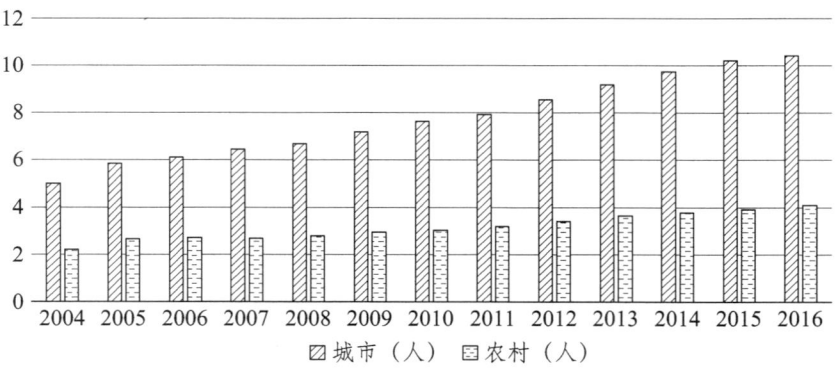

图 4-4 城市和农村每千人口拥有的卫生技术人员

（三）每千人口卫生机构床位数

床位数指到年底固定实有床位，每千人口卫生机构床位数=医疗卫生机构床位数/人口数×1 000。每千人口拥有的床位数2012年为4.24张，2016年增加到5.37张（详见表4-12）。总体上看，我国每千人口床位数在逐渐增加，医疗条件在改善。但每千人口拥有的床位数在城市和农村的差距依然明显，城市常年是农村的两倍多。

表4-12　每千人口医疗卫生机构床位数（张）

年份	床位数	城市	农村
2012	4.24	6.88	3.11
2013	4.55	7.36	3.35
2014	4.85	7.84	3.54
2015	5.11	8.27	3.71
2016	5.37	8.41	3.91

四、医疗保险基金的结果效率

（一）预期寿命和婴儿死亡率

预期寿命是某年某地区新出生的婴儿预期存活的平均年数，又称出生期望寿命，这个指标可以反映出一个社会生活质量的高低。预期寿命的高低与社会经济条件、人民生活水平、医疗卫生条件密切相关。过去几十年，我国人口的预期寿命已经逐渐增加到2015年的76.3岁，婴儿死亡率下降到2015年的8.1‰（详见表4-13）。人口预期寿命的提高和婴儿死亡率的下降，是我国国内长时期处于一个相对和平的社会经济发展阶段、医疗技术条件不断改善的直接结果。

表4-13　我国人口的预期寿命及婴儿死亡率

年份	婴儿死亡率/‰	预期寿命/岁
1981	34.7	67.9
2000	32.2	71.4
2005	19	73
2010	13.1	74.8
2015	8.1	76.3

（二）患病率

预期寿命只能说明寿命的延长，真正的健康水平提高和生命的质量如何还需要用患病率这个指标来加以衡量。患病率越低说明生命质量越高，一般使用居民两周患病率进行衡量，此外居民慢性病患病率也可以作为衡量指标。居民两周患病率=调查前两周内患病的人数/调查人数×1 000。居民慢性病患病率有两种定义：按人数计算的慢性病患病率，是指调查前半年内慢性病患病人数与调查人数之比；按例数计算的慢性病患病率，是指调查前半年内慢性病患病例数（包括一人多次得病）与调查人数之比。显然，按例数计算的慢性病患病率高于按人数计算的慢性病患病率。本书采用按人数计算的方法分析。表4-14的数据反映出，从2003年—2013年，调查居民的两周患病率增加了10个百分点，而慢性病患病率增加了近12个百分点。

表4-14　我国居民两周患病率和慢性病患病率（‰）

年份	两周患病率	慢性病患病率
2003	14.3	123.3
2008	18.9	157.4
2013	24.1	245.2

（三）居民的主观感受

2013年，国家卫生计生委在全国范围内开展了第五次国家卫生服务调查，调查覆盖全国31个省（自治区、直辖市）的156个县（市、区），共调查住户9.36万，调查城乡居民27.4万。2015年发布的《国家第五次卫生服务调查》数据中，可以看出居民对医疗服务的满意度，主要分为居民对门诊花费和住院花费的看法、对就诊机构和医护人员的满意度以及居民对"看病贵""看病难"问题改善程度的看法。

1. 对门诊花费的满意度

就诊患者中，认为就诊花费不贵的患者占33.5%，认为一般的患者占45.3%，认为花费贵的占21.2%。城市地区26.7%的患者表示就诊花费不贵，26.8%的患者认为就诊花费贵。农村地区40.2%的患者表示就诊花费不贵，15.6%的患者认为就诊花费贵。

2. 对住院花费的满意度

针对对住院花费的看法的调查显示，全国的住院患者中，认为住院花费贵的占36%，认为住院花费一般的患者占41.1%，认为不贵的患者占22.9%。城市地区45.5%的患者认为住院花费贵，15.8%的患者表示住院花费不贵。农村地区26.9%的患者认为住院花费贵，43.3%的患者认为一般，29.8%认为不贵。可以看出，认为花费不贵的患者大约占两成左右。

3. 对医疗机构和医护人员的满意度

被调查门诊患者认为候诊时间短的比例为63.6%，城市地区与农村地区分别是56.4%和70.7%；认为就诊环境好的患者比例为65.6%，城市与农村分别是63.2%和67.9%。

被调查住院患者认为病房环境好的患者比例为66.5%，城市与农村分别是62.4%和70.3%。

被调查门诊患者认为医护人员解释问题态度好的患者比例为80.0%，城市地区与农村地区分别是78.4%和81.6%；认为医护人员解释治疗方案清晰程度好的患者比例为78.7%，城市与农村分别为77.1%和80.3%；认为医护人员倾听患者述说病情认真程度好的患者比例为81.3%，城市与农村分别为79.9%和82.7%。

被调查住院患者认为医护人员解释问题态度好的占79.3%，城市地区与农村地区分别为77.0%和81.6%；认为医护人员解释治疗方案清晰程度好的住院患者占78.9%，城市与农村分别为76.1%和81.6%；认为医护人员倾听患者述说病情认真程度好的患者比例为80.5%，城市与农村分别为78.1%和82.7%。

4. 对"看病难"和"看病贵"问题改善的看法

居民对"看病难"改善程度的看法调查结果为，32.6%的被调查居民认为与5年前相比，家人在就医方便程度方面有了大幅度的改善，44.6%居民认为有改善，认为就医方便程度下降的居民仅有2.5%。农村地区居民认为就医方便程度大幅度改善的比例高于城市。

居民对"看病贵"改善程度的看法调查结果为，17.9%的被调查居民认为与5年前相比，家人在就医花费方面有了大幅度的下降，28.7%的居民认为有下降，认为就医花费有增长和大幅度增长的比例分别为22.5%和10.5%。农村地区居民认为就医花费下降的比例高于认为增长的比例，而城市地区居民认为就医花费增长的比例高于认为下降的比例。可以看出，虽然"看病贵"有所缓解，但是还是有待进一步解决。

5. 总体满意度

被调查门诊患者对就诊总体上表示满意的占76.5%，认为一般的占21.6%。表示不满意的患者占1.9%。城市地区，73.3%的患者表示满意，2.3%表示不满意；农村地区，79.7%的患者表示满意，1.5%表示不满意。患者不满意的原因排前三位的分别是医疗费用高、技术水平低、服务态度差，三者合计占不满意患者的70%，城市与农村不满意原因的顺位及比例基本相同。

被调查住院患者总体上表示满意的占67.2%，认为一般的占28.4%。表示不满意的患者占4.4%。城市地区，62.3%的患者表示满意，5.6%表示不满意；农村地区，71.9%的患者表示满意，3.3%表示不满意。患者不满意的原因排在前三位的仍然是医疗费用高、技术水平低、服务态度差，三者合计占不满意患者的71%，城市与农村不满意原因的顺位及比例基本相同。

结语：过去几十年来，我国的医疗卫生改革取得的成绩是显著的。国家重视医疗卫生最直接的体现是医疗卫生费用随着经济的增长而同比率甚至更大比率地增长。总体上看，医疗保险基金的技术效率和产出效率都是可观的，其结果效率也是显著的。主要表现在，卫生总费用逐渐递增，政府和社会卫生费用增速较快，居民个人现金卫生支出下降明显；实际报销率逐渐提高，有利于缓解患者的疾病经济负担；医疗机构提供的诊疗人次、病床使用率、平均住院日日趋合理，距离最近的医疗机构的距离和就诊时间日益改善，体现出就医的便捷性和医疗服务的可及性逐渐改善。最后，我国人口的婴儿死亡率逐渐下降，预期寿命逐渐上升。

但我国人口两周患病率和慢性病患病率在过去十几年上升较快。当然，出现这种结果并不能说明我国医疗保险基金的结果效率不高，主要原因或许是生活环境的变化、环境污染、生活工作压力大、工作节奏快、不健康的生活习惯等因素。患者对医疗服务的总体满意度约为70%，对门诊就诊体验的满意度高于对住院体验的满意度，农村患者对医疗服务的满意度整体上高于城市患者。处在农村和城市患者不满意前三位的原因基本相同，分别是医疗费用高、技术水平低、服务态度差。

当然，在看到医疗卫生改革带来的医疗保险基金总体效率不断提高的同时，我们也应该清醒地注意，我国医疗保险基金的技术效率、产出效率和结果效率都表现出明显的城乡差距，这种差距的长期存在不利于全面建成小康社会。

第五章 医疗保险基金风险控制研究

本章首先介绍风险管理相关理论，推导出医疗保险市场同样具有风险，因而医疗保险基金风险控制有其客观必要性。此外，本章分析了我国人口老龄化问题、基金结余问题等医疗保险基金运行存在的潜在或现实风险，这些问题需要引起政府足够的重视。他山之石，可以攻玉。在分析借鉴国外医疗保险基金风险控制成功经验的基础上，创造性地构建了由政府、基金管理机构、患者、医疗机构和医药企业五个主体组成的医疗保险基金风险控制系统模型，最后为控制医疗保险基金风险各主体应当采取的措施提出建议。

第一节 风险管理相关理论

一、风险的概念与特征

风险是指一个事项的未来发生具有不确定性并对目标实现具有负面影响的可能性与后果。其特征主要表现在以下几个方面。

（1）客观性。风险是客观存在的，不以主观意志为转移，是不可能完全消除的。尽管如此，人们还是可利用风险事故的内在规律去管理风险。

（2）突发性。由于人们认识的不足或者疏忽大意，往往很难认识到风险事故的发生实际上是一个由量变到质变的渐变过程，导致在风险事故发生的时候人们大多感到突然，觉得措手不及、难以应付。

（3）损害性。风险事故大多会造成一定程度的损失后果，这种损失后果按照是否可用货币衡量可分为货币性损失和非货币性损失。

（4）不确定性。在时间、空间和损失大小上风险表现出不确定性。

（5）发展性。风险随着社会经济和人类活动的发展而不断发展。风险管理的内容也因各经济活动单位所处时期的不同而不同。

二、风险的构成要素

风险事故的产生和发展是由多种要素共同作用形成的。一般来说，构成风险且存在内在联系的因素主要有以下几个。

1. 风险因素

风险因素是指引起或增加风险事故发生的可能性，它是引发风险事故或产生损失后果的条件。按照性质这一划分标准，风险因素可以分为实质风险因素、道德风险因素和心理风险因素。

（1）实质风险因素是一种有形的、直接的风险因素，即人或事本身所具有的能够引起损失或增加损失程度的因素。

（2）道德风险因素。道德风险因素主要讲的是人的主观因素，是指人们因怀有故意、欺骗、隐瞒等意图而可能造成损失的因素。恶意或故意等主观行为是道德风险因素区别于其他风险因素的主要标志。

（3）心理风险因素。心理风险因素强调的是人的心理状态，例如人的过失、疏忽、知识水平的局限性等。

2. 风险事件

风险事件也叫风险事故，是使风险因素向现实转变的催化剂，能够直接引起损失后果。

3. 损失

损失是指非主观意愿的经济价值的减少，具有非故意性、非计划性、非预期性三个特征。

风险因素、风险事件和损失并非毫无关联，三者彼此互为因果，即风险因素的存在和增加导致风险事件的发生，而风险事件又会带来损失。由此可见，损失的直接诱因是风险事件，间接原因是风险因素，损失是风险事件造成的不利后果。

三、风险管理

风险管理是指风险管理单位通过风险识别、风险衡量、风险评估、风险决策管理等方式，对风险实施有效控制和妥善处理损失的过程。

第一，风险管理的主体包括单位、家庭或个人。单位可以是政企、事业单位和社会团体，还可以是跨国集团和国际联合织织等。

第二，风险管理的核心是最小化损失，即在遇见可能发生损失后，最大限度地采取一系列化解隐患的措施以达到防止损失发生的目的，或者在风险事件发生后采取尽可能减少损失的措施。

第三，风险管理的对象包括纯粹的风险和投机风险。

第四，风险管理本质是决策。风险管理的各个环节实际上是认识情况、处理问题、制定解决方案的决策过程。

四、社会保障风险与风险管理

社会保障制度是国家通过立法和行政措施对遇到年老、疾病、伤残、生育、失业、死亡、灾害或其他风险的社会成员给予相应的经济、物质或服务帮助，以保障其基本生活需要。社会保障采用强制全体社会成员参加的办法，分散了整个社会群体中每个社会成员所面临的多种风险，是对社会风险的一种积极规避。

（一）社会保障风险的特点

社会保障制度本身在运行过程中也会面临各种各样的风险，倘若不能妥善地化解这些风险，社会保障分散社会风险的功能就难以得到发挥。此外，因为政府是社会保障制度运行过程中的责任主体，所以政府也就自然而然地成为社会保障运行过程中各种风险的承受者。一旦发生社会保障风险，财政将面临很大压力。因此，为了使社会保障制度分散社会风险的功能得到充分发挥，也为了确保政府财政安全，社会保障风险应该得到充分关注，并对这些风险进行控制和管理。社会保障制度可能面临的风险有其自身的特点，与其他各种类型的企业可能面临的风险有所不同：第一，风险双重性，即社会保障制度本身具有的分散风险的功能和其本身运营存在的风险，形成了双重性；第二，兼具经营风险和财务风险；第三，风险相关性，指的是各种风险之间还存在着内部的关联；第四，部分风险具有较强的隐蔽性；第五，严重危害性，即当社会保障出现偿付危机时，政府作为承担责任主体，可能面临巨大的财政压力。

（二）社会保障风险的分类

社会保障制度风险主要有两大类：外部风险和内部风险。

外部风险来自社会保障制度设计和实施以外的诸多因素。所谓外部风险，是指与社会保障制度相联系的经济社会环境变量和其他制度安排等因素的变化可能对社会保障制度产生的不利影响。影响外部风险的因素主要有三个：一是全球经济形势，外部上升的经济形势将推进国内的经济运行、促进社会保障发展，反之亦然。二是国内经济形势，当国内经济形势处于上升期时，总体来说社会保障收入处于较高水平而支出处于较低水平，制度压力小，社会保障制度能够平稳运行；当经济形势走下坡路时，经济增长趋于缓慢、失业人数逐渐增多、需要救助的人随之增多，导致社会保障支化增加，制度压力增大，情况严重时可能会引发社会保障危机。三是人口老龄化，因为丧失劳动能力和工作机会，老年人很容易陷入生活的困境，需要接受社会救助，因此人口老龄化也意味着社会救助支出需要增加。

内部风险主要是指制度风险，包括制度设计和实施风险。所谓制度风险，是指政府在对社会保障制度做出具体安排的过程中，在制度设计、制度实施和制度保障等环节可能产生的风险。制度设计风险主要有：第一，社会保障缴费率。社会保障缴费率是社会保障缴费额占一个国家或地区的职工工资的百分比，这个比率反映了社会保障的筹资水平以及用人单位和员工的缴费负担。缴费率如果太低，则可能影响社会保障基金的承受力甚至可能导致偿付能力不足；缴费率如果太高，又会增加企业和员工的经济负担。第二，社会保障支出占国家财政收入的比例。如果该比例过高将会使财政负担过于沉重，该比例过低容易引发社会不稳定因素。第三，法定退休年龄。退休年龄的界定直接影响到劳动期和退休期的时间长短，偏低的法定退休年龄意味着参保人员拥有较短的工作期和较长的退休期，较短的工作期会导致工作期间缴纳的保费积累不足而无法承载退休后的各种支出需求。第四，监控机制的完善程度。监控机制的完善程度，对社会保障制度正常运行起到至关重要的作用。制度实施风险主要包括：第一，财务风险。社会保障财务在社会保障运营的整个过程中无处不在，从社会保障筹资到待遇支付，每个环节涉及的不确定因素都很可能引起社会保障财务风险。社会保障财务风险的主要表现是基金偿付能力不足。第二，经办操作风险。社会保障制度的政策实施是由经办机构来完成的，在这过程中如果程序制度或规定、系统、人员和外部条件不完善或者有问题，都有可能造成社会保障损失的风险。经办风险是一种非系统风险，不是社会保障制度本身所必须承担的风险，因此应该尽可能采取一定的风险控制措施使其降到最低。

（三）社会保障风险的管理目标

社会保障风险的管理目标主要有两个方面，一个是财务稳定，另一个是持续发展。财务稳定性是社会保障资金顺畅运转和融通的重要保证。持续发展不仅是社会保障功能的要求，更是维持政府信用和形象的要求。为了使社会保障风险管理目标得以实现，应遵循全面周详和量力而行两个原则。社会保障风险管理的基本策略应为：以损失控制和内部风险控制为主体，以损失融资为辅助，主要通过一系列的制度安排和监管来实现社会保障的风险管理。社会保障经办局内部和监管当局对社会保障运营的各个环节都应该予以监管，防范和杜绝危害社会保障制度运行的各种违法违规行为发生，对基金财务风险应主要采用内部风险控制和损失控制的风险管理策略。

第二节　医疗保险基金风险控制的必要性

医疗保险基金是我国医疗保险运行的物质基础，医疗保险基金的科学管理和高效使用，不仅涉及医疗保险资源配置的有效性问题，而且直接影响到广大人民群众接受基本医疗服务的数量和质量，事关基本医疗保险制度的运行。不断增强基本医疗保险基金共济和保障能力，完善基本医疗保险基金管理体制，提高基本医疗保险基金的使用效率，是我国基本医疗保险制度可持续发展的必然要求。然而，我国经济与社会的快速变迁、人口老龄化的日趋严重、通货膨胀加剧等压力使医疗保险基金风险加大。而且，与其他社保基金管理相比，医疗保险基金不稳定性因素更多，支付压力和动态变化也更大，管理难度更大。

一、医疗保险基金运行现状

医疗保险基金主要是指以法律或者合同的形式，由医疗保险参与企事业单位以及个人按事先确定比例，缴纳一定数量的医疗保险费用所汇集成的货币资金。医疗保险基金是由医疗保险机构经营管理的，主要用于偿付合同规定范围之内参保人员因疾病、伤残以及生育等产生的医疗费用。我国在1998年、2003年和2008年分别建立了城镇职工基本医疗保险、新型农村合作医疗保险和城市居民基本医疗保险，构成我国的基本医疗保险，达到了制度上的全覆盖，做到了"全民医保"。

（一）医疗保险费用增长过快

我国医疗保险基金运行最显著的特征之一就是费用增长过快，即医疗保险基金支出的增速快于医疗保险基金筹资的增速。医疗保险作为民生工程之一，保障了居民的医疗权益，在解决居民看病难看病贵问题方面，发挥着重要的作用。为了与经济发展水平相适应，我国不断提升医疗保险保障水平，医疗保险基金体量不断增大。在2011年，全国三项基本医疗保险基金收入 7 587.67 亿元，支出 6 141.59 亿元，医保基金当年结余 1 446.07 亿元。为保证医疗保障水平与经济发展水平相适应，不断加大财政对医保基金的投入，提高居民医保的补助标准。在 2011—2016 年间，新农合人均补助水平从 200 元提高到 420 元。医疗保险基金支出以不低于医疗保险基金收入的增速逐年递增。2016 年，全国三项基本医疗保险基金收入 14 477.91 亿元，支出 12 245.51 亿元，医保基金当年结余 2 232.4 亿元（详见图 5-1）。当前，我国老年人群体的医疗保险费用支出系数明显高于青壮年群体医疗保险费用支出系数。

此外，市场机制下患者诊疗服务需求的提升、政府投入的不足和医疗机构间的竞争给医院发展带来巨大压力，医院为谋求生存发展，公益性淡化而趋利性增加的问题日益凸显，在一定程度上导致医疗费用的增长。伴随着患者文化水平的提升，患者的维权意识日益增强，"医闹""医疗纠纷"时有发生。随着医疗纠纷的增加，部分医务人员为有效规避医疗风险，存在为病人选择大而全的检查、选择特效药、高价药的现象，导致医疗费用支出进一步加大和医保资金负担的增加。

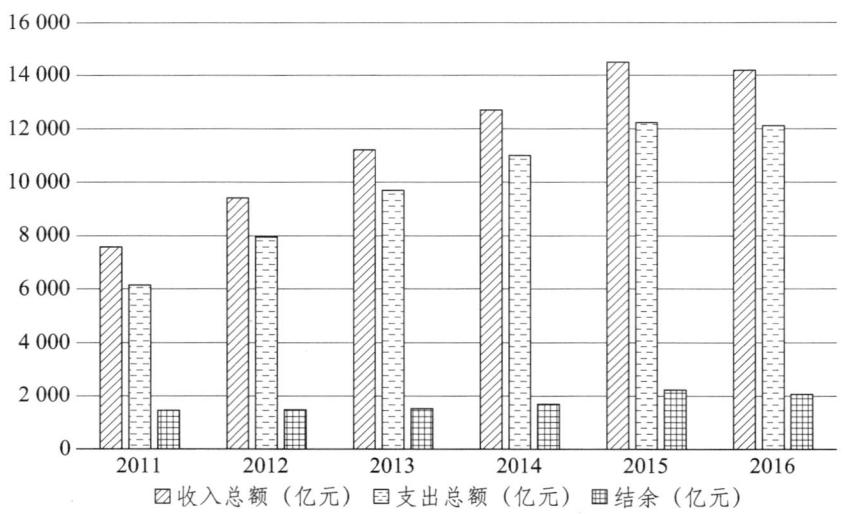

图 5-1 三项基本医疗保险基金收入和支出

（二）骗取、套取医疗保险费用现象频发

近些年来，骗取、套取医疗保险费的现象频繁发生。一些定点医疗机构仅从追逐经济效益的角度出发，在具体操作中采取不正当的手段来骗取医保基金，因而造成了医疗保险基金的大量流失。具体的操作手段包括医院和患者之间相互合谋，医院帮助患者办理假住院手续骗取、套取大量的医疗保险基金，有些参保人员通过挂床住院等形式，恶意透支医疗保险费用；更有甚者，故意延长其住院的时间，故意进行重复检查和治疗；部分医务人员为使患者骗取、套取医疗药品更加方便，将"目录外"的药品改成了"目录内"的药品。此外，还有以药易物，在定点医疗机构或者药店用医保基金换取生活用品或者食品，来骗取、套取医疗保险基金的现象，造成医疗保险基金的大量流失。

（三）医疗保险基金筹资不到位

医疗保险基金筹资不到位主要体现在参保率偏低、不缴保费、拖欠保费现象严重。用人单位从自身利益出发，按照最低工资标准或者少报职工实际工资的方式，压低缴费基数，从而减少医疗保险基金缴纳；一些职工本人因为目光短浅，要通过不缴纳医疗保险费用增加个人每月工资所得。企业和个人作为医疗保险费用缴纳主体，由于追求自身短期的经济利益而少缴纳或者不缴纳医疗保险费用，都会导致医疗保险基金筹资不到位。

（四）过度医疗问题

医疗机构和药店是医疗服务的供给者，医疗保险参保人员是医疗服务的需求者，经济学视角下供需平衡就能实现医疗保险制度的均衡、可持续发展。因为医疗保险支付遵循"以收定支"的原则，当现有的基金收入小于预计的基金支出，医疗保险基金可能成为一种稀缺的资源。而资源一旦稀缺，资源的供给一旦变得紧张，寻租现象就不可避免地发生了。传统的寻租行为分为医疗服务机构的寻租行为和医疗保险参保人的寻租行为。医疗服务机构的寻租行为即医疗服务的提供者诱导患者提高

医保基金消费水平或人为加大医疗服务的提供数量以赢得更多的定量化的指标配额的行为。医疗保险参保人寻租即提出一些过度的检查和过度用药要求或其他一些非合理性医疗要求。这些寻租行为会增加医疗服务和医药产品的消耗，即过度医疗。过度医疗主要表现为在实际医疗中由于信息不对称，医疗保险的支付方对所发生的医疗费用难以直接控制，而实际医疗费用会受到参保人和医疗机构、医生的影响。参保人从自身健康角度，在进行治疗的过程中选择更昂贵的药品、治疗方式。而医疗机构的主要经济来源就是医疗保险费用支付，那么在提供医疗服务的过程中会出现"道德风险"，为了自身经济利益最大化就建议、诱导参保人过度消费。过度消费医疗保险基金会阻碍医疗保险基金的可持续运行和发展。

（五）基金管理和监督机制不健全

第一，医疗保险基金经办管理方面，各地医疗保险基金经办机构简单粗放的控制办法、单一滞后的管理手段、薄弱的监控技术，已难以跟上快速发展的全民医疗保险的步伐。基金管理制度不完善，各级政府在基本医疗保险基金的征收、使用、管理上分别由不同部门负责，难以形成有力的协作，且各个地市的社会经济发展情况存在明显的差异，政府经费短缺，从而挤占医疗保险基金，基金风险分担机制不足等。上述问题的出现，使医疗保险基金面临的风险复杂多变，基金抗风险能力降低。第二，定点医疗机构与医保基金经办机构管理脱节。定点医院负责看病、入院等工作，但定点医院对住院病人的身份确认把关不严，致使一些非参保人员混入医保病人中，随意开销医疗费用；一些社保病人入住院手续不健全，管理比较混乱。医保资金经办机构负责报销医疗费用、检查定点医疗机构业务质量。医保资金管理机构与定点医院缺乏一套行之有效的岗位制度，缺乏有效的相互制约机制。这些管理、监督制度的缺乏都会阻碍我国医疗保险基金的有效运行。

二、医疗保险基金运行的潜在及现实风险

当前我国医保基金运作过程中出现了老龄化风险、基金结余率风险、

道德风险等问题，严重制约了医疗保险基金的健康、和谐运行，急需予以改进和完善。

（一）老龄化风险问题

按照国际惯例，当一个国家或地区 60 岁以上老年人口占人口总数的 10%，或 65 岁以上老年人口占人口总数的 7%，即意味着这个国家或地区处于老龄化社会。我国北京、上海等城市已率先进入老龄化城市。我国人口老龄化呈快速发展趋势，2014 年底 60 岁及以上人口为 2.12 亿，占总人口的 15.5%，其中 65 岁及以上人口为 1.37 亿，占总人口的 10.1%。有研究表明，到 2020 年我国 65 岁及以上人口占比为 11.53%，到 2050 年 60 岁以上人口占比将增加至 21%。

以城镇职工基本医疗保险参保人员为例，2009 年以来，参保人员中在岗职工大约占到 75% 左右，处于不断下降趋势；退休人员占到 25% 左右，处于不断上升趋势。城镇职工基本医疗保险参保人员年龄结构也能够印证我国日益深化的老龄化趋势（详见表 5-1）。

表 5-1 我国城镇职工基本医疗保险参保人员

年份	参保人数/万人	在岗职工/万人	退休人员/万人	在岗职工/%	退休人员/%
2009	21 937.4	16 410.5	5 526.9	74.81	25.19
2010	23 734.7	17 791.2	5 943.5	74.96	25.04
2011	25 227.1	18 948.5	6 278.6	75.11	24.89
2012	26 485.6	19 861.3	6 624.2	74.99	25.01
2013	27 443	20 501	6 942	74.7	25.3
2014	28 296	21 041	7 255	74.36	25.64
2015	28 893	21 362	7 531	73.93	26.07
2016	29 532	21 720	7 812	73.55	26.45

老年人属于医疗保险消费的主要群体，参保人群中退休人员比重逐渐上升，对资金支付能力提出了严重的挑战。随着基金赡养系数的不断增加，医疗费用开支猛增，但基金供给能力削弱，无形中增加了隐形债

务问题，增加了医疗保险基金平稳安全可持续运行的风险。

（二）基金结余率问题

基金结余率直接反映了社会医疗基金的具体支撑能力，是基金运行风险的重要指标。其公式为：

医疗保险基金结余率=（医疗保险基金收入-医疗保险基金支出）/医疗保险基金支出×100%。

医疗费用支出则是目前影响结余率的重要因素，随着近年来医疗费用支出的不断攀升，基金结余率逐年下降，基金结余率风险显著上升。表 5-2 中常年基金结余部分最多只够维持不到一个季度时间。

表 5-2 三项基本医疗保险基金收支结余

年份	收入总额/亿元	支出总额/亿元	结余/亿元	结余率/%
2011	7 587.667 2	6 141.59	1 446.077 2	24.2
2012	9 422.125	7 951.6	1 470.525	18.2
2013	11 220.631 8	9 709	1 511.631 8	16.7
2014	12 711.350 4	11 024	1 687.350 4	15.1
2015	14 477.91	12 245.51	2 232.4	18.1
2016	14 192	12 130.74	2 061.26	17.3

（三）道德风险问题

肯尼斯·阿罗在 1963 年发表的经典论文《不确定性与卫生保健的福利经济学》开创了医疗保险领域信息不对称及道德风险问题的研究，文章指出：医疗保险市场与完全竞争性市场不同，由于一方面医方较患方掌握更多的医疗技术、治疗效果、价格的专业信息，另一方面医方拥有双重代理人身份（既作为保险人的代理人，又作为投保人的代理人），有限理性人的医方做出有利于自身的行动，诱导患者使用昂贵的治疗、私人护理、更频繁的治疗次数、非必需的服务。

我国的社会医疗保险系统主要由保险人（社会医疗保险机构）、被保险人（患者）、医疗服务供方（医疗机构及药店）、政府组成，是一种四方三角关系。由于各方都有自己的利益考虑，追求的目标不尽相同，如保险人要维持医疗保险基金的平衡，被保险人的目标则是健康收益最大化、医疗服务供方寻求经营收入的最大化，于是各方有意无意地隐藏对自己有利的信息，从而出现各方之间的信息不对称。信息不对称形成了多重委托代理关系，其中，与道德风险困境发生直接相关的有：保险人—被保险人委托代理关系；被保险人—医方委托代理关系；保险人—医患委托代理关系；被保险人—保险人委托代理关系。

医保制度深化改革的今天，医患道德风险成为人们关注的重点问题。在经济利益的驱使下，部分医院、药店会套改服务项目、降低收治标准、提高各项费用，诱导参保人群不合理诊疗，部分参保人员也会通过各种手段骗取医保基金。道德风险问题的存在，势必会增加基金不科学支出比例。

（四）逆向选择风险问题

保险中的逆向选择是指这样一种现象：不同的被保险人风险大小（风险类型）不同，被保险人了解自己的保险类型而保险人不了解（即信息不对称）。由于高风险的被保险人往往更愿意购买保险，使得保险人的风险增大，保险赔偿额上升，保险人就必须提高保费，而较高的保费又阻碍了低风险的人购买保险，使得保险人的风险进一步增加，不得不进一步提高保险费。逆向选择现象使得保险资源不能达到最优配置，保险市场的效率低下。在医疗保险市场，保险人与被保险人之间信息不对称更为突出，逆向选择更加常见。相对于一般人群，拥有更大损失风险的人群对保险会有更高的需求意愿，造成医疗保险市场高风险者"驱逐"低风险者。在我国，逆向选择已成为医疗保险领域一个十分常见而突出的问题，直接影响到医疗保险覆盖率的提高。

截止2010年，在全国实施城市居民医疗保险制度以后，我国基本医疗保险在全国范围内实施了制度层面上的全覆盖。但在实践中，越是健康的人群越不愿意参加医疗保险，越是易患病的人群越愿意参加医疗保险因而增加医疗保险基金支出负担。甚至，仍有部分患者没有参加任何医疗保险，一旦生病，只有依靠政府的医疗救助，无疑会增加政府的医疗费用支出。

第三节　国外医疗保险基金控制发展趋势

长期以来，医疗费用的高速增长成为全世界共同面临的难题，完善控费机制成为各国保证医保基金安全运行的重要举措。相对于国内，国外的医疗保险基金监督管理控制体系具有如下特点。

一、政策体系更完备

德国是世界上最早建立医疗保险制度的国家，实行的是一种强制性的以社会医疗保险为主、商业医疗保险为辅的多层次医保制度，为99.8%的德国人提供医疗保障服务。美国是世界上医疗开支最大的国家，其医疗卫生和医疗保险经过多年的市场发展，已形成由政府公有的社会医疗保险、雇主型医疗保险、个人投保的商业医疗保险三大部分构成的全覆盖医保制度。两国通过构筑政府主导、市场高度参与的多层次体系，为实现全民医保、规范医疗秩序、实现价格竞争、提升医保效率、保证医疗公平打下了制度基础。

二、医疗监管更全面

以西欧为例，其普遍设立了专门的医保基金监督管理机构。其中，荷兰、德国、瑞典的社会医疗保险和补充医保、私人保险由不同的机构分别监督。比利时医保基金监督机构同时负责对社会保险和商业补充医保的监督。这些国家普遍以监督对象、监督方法、监督重点为划分，建立全方位的贯穿医疗行为全程的监督机制，对供方和需方进行诊疗行为、治疗手段、药物管理、基金支付等监督，从而达到保障基金运行合法合规、基金安全和服务可信、基金运行效率三方面目的，以进一步优化基金管理和提升健康保障绩效。

三、基金管理更精细

目前，国外医保支付普遍推行精细化总额付费模式。其中，美国于1983年在医疗保健计划中采取DRGS(Diagnosis Related Groups，疾病组)支付方式。根据病人的年龄、性别、住院天数、临床诊断、病症、手术、疾病严重程度、合并症与并发症及转归等因素，把病人分入500～600个诊断相关组，按照医院费用相关资料算出每组疾病的标准费用，将此标准费用预先支付给医院。标准费用随物价指数、医疗技术进步等因素每年调整。实施DRGS以后，有效减缓了医疗费用增速和医疗服务中的不合理消费，对世界范围内医疗费用控制产生了深远影响。德国(G-DRG)、英国(HRGS)、日本(DPC)、澳大利亚(AN-DRG/AR-DRG)等纷纷推出具有自身特色的精细化付费模式，且均在避免传统付费模式下的过度医疗及卫生费用不合理上涨方面取得成效。

四、患者负担更合理

新加坡的医疗储蓄计划帮助个人支付住院费用和贵重门诊检查，同时可用于购买医疗保护(类似我国重特大疾病保险)，对超过一定金额的费用进行额外补偿。通过建立个人账户强调个人对医疗费用的分担责任，有效抑制对医疗服务的过度利用。同时，通过强制储蓄，促进个人医保基金纵向积累，以提高应对未来疾病风险的能力。美国雇主型和商业医疗保险引入个人账户，将起付线大幅提高(从250美元提高到2500美元)，而纳入统筹基金的保费因起付线升高降低了一半左右，患者可以把节省下来的保费存入个人账户。由于起付线很高，可以有效控制传统保险下的需方道德风险，节约医疗费用。从控费角度看，设立个人账户强调患者合理分担，对参保者本人及基金管理都有利。

综上，从国外医保控费机制的实践可以看出，医保控费机制普遍存在由政府包揽向政府主导的多层次医疗保障体系协调发展的方向转变，由传统单一的后付制向以总额预付为主的混合支付模式转变，由注重结算转变为过程监管，由强调观察思考基金给付转变为与患者合理分担。

第四节　医疗保险基金控制

一、医疗保险基金控制系统

传统医疗保险基金控制系统一般由政府、基金管理机构（医保）、医疗服务机构和患者组成。本书将医药企业加入系统，形成扩展的医疗保险基金控制系统，即医疗保险基金控制系统由政府部门、定点医疗机构（药店）、医药企业（药品的生产和流通经营企业）、参保人员（患者）和基金管理机构（医保）五个主体构成。五个主体在控费机制中分别处于不同位置，发挥不同作用。政府从全局上制定医保政策，为患者提供医疗社会兜底，确保人民健康权利。参保患者向基金管理机构缴纳保费、委托代为管理；基金管理机构为参保患者管理基金、支付和控制费用。参保患者去医院看病，属于医疗服务的实际需求者；定点医疗机构作为医疗服务的供给者，为患者提供优质的医疗卫生服务。药品生产和流通企业为定点医疗机构供给药品，定点医疗机构是药品的中间需求方，药品的最终需求方是患者。基金监督机构监督定点医疗机构医疗行为的合规、合法、合理性，代患者支付费用；定点医疗机构执行医保政策，接受监督机构的监督。政府需要监督基金管理机构执行医保政策，监督药品质量，监督定点医疗机构执行医疗卫生政策和行业标准（详见图5-2）。

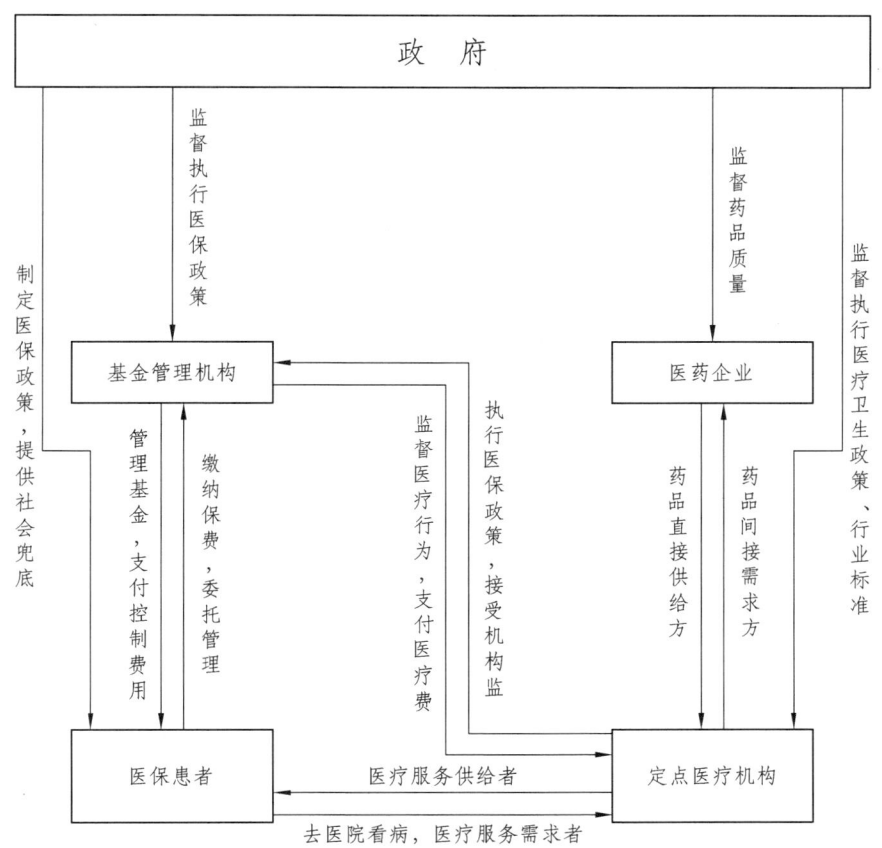

图 5-2 医疗保险基金监督控制系统

具体而言，政府机构作为宏观调控管理部门，首先要从顶层设计上制定医保政策和提供社会兜底，既要保证医保基金的持续安全，又要促进医疗事业健康发展、实现人民群众病有所医、提高人民健康水平和生命质量；定点医疗机构为患者提供合理的医疗服务，实现医疗费用最小化和医疗救治收益最大化，提供的卫生服务属于公共产品或服务，社会效益也是必须考虑的因素；药品的生产和流通经营企业提供满足患者需求的药品，实现既定成本条件下的利润最大化或既定利润条件下的成本最小化；基金管理机构通过医疗费用控制实现医保基金浪费最小化或使用效益最大化，当好患者的出纳，最大限度地用好每一元医保费用；参保者期望以最低的个人负担换取最好的医疗服务，提升健康水平。

二、医疗保险基金控制措施建议

医疗保险基金监督系统各主体之间形成了四方五体的利益关联，即医疗（供方）、医药、患者（需方）、医保（保方）四方的经济关系以及政府与四者之间的组织、管理和监督关系。在这个关系中，每一方都可以采取相应策略控制医疗费用上涨。

（一）政府从顶层设计上制定、完善有关制度

1. 制定、完善相关制度

一是待遇差异。目前已有部分省市部分区域合并了城市居民医疗保险和新型农村合作医疗保险，简称为城乡居民医疗保险。我国的基本医疗保险体系由过去的三大保险变成了两大保险，除了城乡居民医疗保险，还有城镇职工基本医疗保险。由于不同制度主管部门不同，付费标准和方式不同，导致参保待遇、监督机制等一系列体制差异，给参保对象带来困惑和不便。

二是政策体系单一。我国医疗保障体系应该形成以基本医保为主体、商业保险等补充医保为补充、医疗救助兜底的多层次体系。长期以来，由于我国保险机构存在的种种弊端或者说发展不充分，人们投保容易理赔难，使人们一度不相信包括商业医疗保险在内的任何商业保险，最终导致参保人选择医保项目过于单一，只参加城镇职工医疗保险和城乡居民医疗保险，即基本医疗保险。当前，应继续研究完善商业医疗保险，结合人们的收入水平，研究适销对路的商业医疗保险产品，注重诚信建设，抓好理赔环节工作，在患者需要时能够快速反应做好理赔工作。

2. 提升基金收支使用效率

确保医疗保险基金从筹集到支出整个过程的使用效率，需要从预算编制、预算的执行抓起。首先是提高预算编制的精细化、精确化水平。在确保基础数据质量可靠的基础上，可根据各险种统筹模式的特点，分险种、有针对性地探索建立科学的预算方法体系。其次是加强预算收入执行管理。建立财政补助的长效机制，严格执行年初制定的预算方案，

落实征收计划。基金管理机构应严格按照预算参保人数开展扩面。保费征收机构对基金计划征缴收入、利息收入以及其他收入等应做到应收尽收，并严格按照现行财务会计制度进行核算，建立专门账户。最后是加强基金风险预警管理。严格执行国家对各项医保当期与滚存结余率等指标的相关政策规定；对风险及时进行预警并尽快处置，详细分析出现风险的原因，并根据分析结果，提出调整费率、筹资方式或待遇政策等平衡基金收支的对策。

3. 将预付制和后付制相结合

医疗保险费用的支付方式大致有：按服务项目付费、按人头付费、总额付费制、按病种付费四种，第一种属于后付制，后三种属于预付制。

（1）各种付费方式的比较。

按服务项目收费是指保险机构提供的支付费用，完全取决于接受医疗服务项目所花费的费用，病人接受的医疗服务价格越高，保险机构支付的费用也越高。由此可见，该项付费制度具有一定的滞后性。相对来说，按照服务项目进行支付费用具有较强的可操作性，方法简便，使用范围较广，具有明显的优势。然而按服务项目进行付费也容易助长医疗机构的不正之风，容易出现为患者提供过渡医疗服务，引导患者进行过度消费等不合理现象，这是由于医生和患者对于疾病治疗所掌握的信息严重不对称。医疗服务具有很强的专业性，一般患者不太具有这方面的专业知识，怎样治疗完全听从医生的安排。医生或为了规避医疗风险，或为了自身利益有了诱导患者过度消费的动机，而患者出于自身健康考虑，加之有医保减轻了部分经济负担，于是就有了过渡检查的要求或欲望。

按人头付费是指以人数定费用，保险机构切实按照参与医疗保险的人数，在规定的时间内为医疗机构提供固定的支付费用，医院就会按照合同为病患提供其需要的服务，而不会对患者收取其他费用。医院的收入与患者人数充分挂钩。按人头付费的优势在于能够对各项费用进行有效的控制，有利于提高医院的经济效益，降低医院的经济负担。但同时，按人头付费也存在一定的弊端，如医疗机构的服务质量难以保证，个别医院可能不太愿意接收重症病人。

"总额预付"（Global Budget）制，是指根据一定区域内参保人数、年均接诊总人次数、次均接诊费用水平，测算一定区域内年度统筹补偿控制总额，经办机构定期预拨，实行总额控制、包干使用、超支分担的支付方式。预算总额一旦确定，按照合同就不能随意更改，医院收入不再与服务项目密切相关，如果在医院运营过程中出现超支，由医院和经办机构按照约定的比例承担。总额付费制结算较为简便。但其难点在于前期预算，总额费用预算一定要科学合理，预算过高或过低都不利于双方的利益。

按病种付费制是指将疾病按照一定的规范进行划分，不同病种具有不同的医疗费用标准，按照患者患病种类不同，遵循一定的费用标准，对医疗机构进行费用的预先支付。按病种付费能够有效改变保险机构的被动局面，有利于保险机构降低风险，促进其经济效益不断提高。对于医院而言，有利于医院的进一步规范化，减少医院的不正之风，有利于医院服务成本方面的控制。但按病种付费本身也存在着一定的缺陷，容易造成医院、保险机构及患者之间出现利益上的冲突。中国社科院经济研究所的朱恒鹏教授（2016）认为，实施总额预付制的弊端包括患者来源不稳定、违背保险发生作用的基本原理——大数原理，是造成医院推诿病人现象的根源。

（2）预付制和后付制应有机结合。

每种付费方式各有优缺点，需要综合采用。随着医疗保险体制的不断改革，付费方式也呈现出一定的多样化，在选择付费方式的过程中，应该根据现有的实际情况，综合考虑各种付费方式的优势和不足，使保险机构、医院和患者之间的利益都能得到兼顾。目前，按项目付费方式在我国较为常见，但在运行过程中出现了开大处方、大检查等过渡医疗现象，阻碍了我国卫生事业的发展。根据我国目前的实际情况，可以将多种付费方式有机结合，将预付制和后付制相结合，采用混合付费方式。具体可以参考：在人口较为密集度、经济较为发达的地区，可以采用按人头付费制、按病种付费制、总额付费制。在人口较为稀疏的地区，可以采用按诊疗次数、床日等方式付费。对于基层医疗机构，宜采用按项目付费制。对于治疗方案相对稳定和规范的病种，可以采用按病种付费制。如按总额预付制，应严格遵循"以收定支、收支平衡"原则，将医疗机构支出预算与基金收入预算挂钩，并在预算内划出一块资金设立风险池，保障医保基金安全。无论采用哪种付费方式，当前最紧要的是：研究医保基金的支付方式与医疗服务质量的评价进一步结合，既能充分发挥医院和医生的服务积极性，提升服务质量，又能降低医疗成本。必要时建立由病人及家属、医学专家、医保监督机构等多方人士组成的第三方医疗服务质量评估监督体系，运用相关指标体系定期对医院的服务质量进行测算并向社会公布。其评价结果作为医疗保险机构对偿付给医院的医保基金进行动态调整的重要参考依据，从而建立起经济上的激励约束机制。

4. 完善相关法律制度

其一是进一步完善《医疗保险基金管理条例》。我国医疗保险基金既有维护社会稳定，促进社会和谐发展的公益性，又有保险所具有的"射幸"合同的保险性质。目前，涉及医疗保险基金管理的政策法规缺位与虚位并存，政策执行力弱，可操作性差，实效性不高，专门的法律法规缺乏，以致医疗保险基金管理出现一些漏洞。为此，建议国务院尽快完善《医疗保险基金管理条例》，使医疗保险基金管理有法可依，特别是"三险合一"的基金，达到从资金储存的源头上规范医疗保险资金。国务院医疗保险部门可指定一家由国家管理的银行来专门存储医疗保险基金，各地医疗保险管理部门都要在国家指定的银行开户、筹集与支付，执行收支两条线制度。全部医疗保险基金都必须存储在国家指定的银行开设的医疗保险账户中。同时，应实施一整套规范的拨款、筹资、支付和审批规范，由国家指定的银行和医疗保险管理部门分别设立专门机构管理，职责明确，互相监管，杜绝漏洞。如不严格执行《医疗保险基金管理条例》规定，相关责任方应受到惩处。

其二是建议制定《医疗保险指定医院（药店）行为规范条例》。基本医疗卫生服务是一种公共产品，医疗保险指定医院（药店）行为应遵循相关准入标准和制度，从而提供良好的基本医疗卫生服务，制定规范条例是政府题中应有之义。可是，目前我国还没有一部相关的法律法规来制约医院（药店），这既使医疗保险基金流失，又导致医疗保险正常运行秩序受到冲击，让广大参保人员利益得不到保障。建议国务院将制定医疗保险指定医院（药店）行为规范条例纳入议事日程，实施医院（药店）医疗保险准入制度，规范医院（药店）销售、财务等管理；对个别履约不力、违纪严重的医院（药店）予以经济制裁，严重者永远取消其定点医院（药店）资格，对于涉法情况的依法追究相关人员的法律责任。

（二）多措并举确保筹资水平稳步增长

1. 拓宽筹资渠道

医疗保险基金的筹集关系到医疗保险保障范围和保障水平，是医疗保险改革的核心。控费的前提是有费可控。筹资问题关系到医疗保险基金和医疗保险制度的可持续发展，政府医疗保险基金经管部门通过医疗保险基金的制度安排，建立多元化医疗保险基金的筹资渠道，让政府财政和医疗保险基金参保人员共同承担医疗保基金风险。政府负有提供医疗公共服务的义务，应根据经济发展水平、人民收入水平以及财政能力，强化政府责任，在政府主导下建立医疗保险基金筹资稳定增长的长效机制。在此基础上，合理厘定医疗保险筹集费率，通过医疗保险协议（包括支付制度和方式）购买合理的医疗服务，确保医疗保险基金在中长期综合因素下实现收支平衡，确保参保人的利益，实现医疗保险基金结余和待遇水平提高的相互促进，达到医疗保障制度可持续发展的目的。

2. 研究退休人员医疗保险缴费办法

我国人口老龄化趋势呈递增趋势。2010年全国65岁以上人口占总人口的8.9%，2016年这一数据就增加到10.8%。其中东部、中部、西部地区65岁以上人口占总人口的百分比分别是11.1%、10.8%、10.6%。老年人是糖尿病等代谢型疾病、高血压等心血管疾病、肿瘤等慢性病的易发人群，一旦患病，病程长，需要经常住院，是医保基金的主要消费群体。按照目前的医保政策，退休后的老年人就不再继续缴纳医疗保险费用了，这部分人群的医保费用会出现严重的亏空。因此，应加快研究退休老年人医疗保险费用缴纳办法，择机开始分年龄段分阶段逐步实施。当然，延迟退休也是一个不错的办法。

3. 力争做到医疗保险基金保值增值

此外，确保医疗保险基金个人账户和统筹账户上的费用的保值增值也显得非常重要。因为开源与节流同等重要。目前，医疗保险基金个人账户上的基金，对于患病人群或许根本不够用；对于健康群体，长期处于闲置状态，资金处于停滞状态。在监管不到位的情况下，部分药店同时出售保健品、生活物品，部分健康参保人员将个人账户上的基金用于购买生活物品就不足为奇了。要管控这种乱象，首先要禁止零售药店出售生活用品，一旦查获，将给予包括吊销营业执照等从重处罚，加重违法违规成本。当然，在做好统筹账户和个人账户上结余资金保值增值工作的同时，需要聘请专业的投资专家，考虑投资的风险，首先确保保值，然后才是增值。

（三）重塑支付流程，优化医疗机构服务水平

1. 重塑支付流程

公平、有效的医疗保健，不仅需要匹配合适的筹资方法、安排适当的筹资体系，而且需要设计完善的支付系统。当务之急，应探索约束医疗服务提供者的医疗服务费用的制度和措施，使参保人员利益得到有效的维护。因此，应尽快启动医疗保险经办部门与医药服务提供方（医院/药店）谈判机制，开展实质性的谈判工作，重塑或优化支付流程，这关系到医疗保险参保人员是否能享受科学合理的基本公共卫生与医疗服务价格、医药价格，因此需要形成长效机制，从而达到减少医疗保险基金支付压力的目的。因此，作为"第三方付费"主体，医疗保险经办部门应履行维护参保人员利益的职责，运用谈判的机制和谈判成果来有效监督医药提供方。这就需要尽快赋予医疗保险经办机构医疗保险基金的统一管理职能，明确整合统一后的医疗保险经办机构基金管理职责，以达到优化医疗保险服务水平的目的，使参保者能享受便捷、可及、高效的医疗保险服务。从公共管理的角度，政府需要更多地运用市场力量，条件成熟时，促进组建第三方支付机制的发展，改善疾病风险的不确定性，减少政府财政支付压力。

2. 总额付费制的实践经验

过去十年城乡居民收入水平快速增长，又实现了医保制度的全覆盖，城乡居民就医需求得到快速释放。加之我国未能形成竞争性的分级诊疗体制，患者纷纷涌向大医院，医疗费用和医保资金支出一度出现十年高速增长态势，2003—2011年，政府办医院业务收入年均增速在20%左右。2011—2012年，人保部和国务院分别发布多个文件，提出要在全国范围内积极推行总额预付等新型付费方式，增强医保对医疗行为的激励约束作用。然而在我国现行医药卫生体制下，总额预付制导致医院推诿医保患者，主要表现为不愿接收重症患者有其客观必然性。所以，总额付费制不宜马上在全国范围内一起推行，应择时分区域逐渐推行。

（四）规范医药生产流通渠道，努力降低医药成本

中华人民共和国成立后，我国实行计划经济体制，按照国家计划生产，药品流通实施统购统销，价格统一控制，分级管理。经过改革开放以来30多年的发展，我国已形成化学药品原料药及制剂、中药、生物及生化制药等结构完整，教育、科研、研发、生产等门类齐全的药品工业生产体系和遍布城乡的医药流通网络。目前，药品从生产到患者的最终消费，中间一般要经历6~7个流通环节，需经过药品批发企业、零售（连锁）企业或医院、药房等多个环节，增加了药品的流通费用。因此，规范医药生产，减少流通环节，分级实行招标管理是降低医药成本的关键。例如，规范医药生产企业，提升产业集中度，提高医药企业现代化管理水平，降低药企生产成本，完善新药注册审批制度、药品价格管理体系、药品质量安全监管体系，达到增强医药企业核心竞争力，降低医药成本的目的；药品由国家或者省域集中招标，其他药物则根据药品价格，由省级、地区、县级、医院集中招标采购。分级招标管理必须建立全国联网的电脑化药品信息储存系统，它以招标方式和严厉的惩罚措施，包括建立诚信档案、黑名单等来保证医院药品的供应和提高药品质量，同时保证医院比较低的医药费用价格，使患者的医药费用维持在适当水平。药品的生产带有明显的正外部效应，必要时政府可给予适当的补贴，以

降低药企成本。

(五)必要时采取第三方介入,提高对医院的监管效果

目前,我国政府社会医疗保障、卫生行政、食品药品监督管理、卫生监督执法等部门是医院的监督管理机构,它们行使政府对医院的行政管理职能。受计划经济时代的影响,我国政府的职能部门与医院还属于上下级关系,多头监督管理使对医院内外部的监督管理不可避免地存在一些局限性,例如政府职能部门重医院建设,重医院形象树立,轻医院经营管理,这使医疗服务市场的发展还很不完善。因此,需要成立独立的第三方监管机构对医院进行监督管理。第三方监督机构与政府之间是一种委托代理关系,政府委托第三方机构负责监督医院的履职情况,包括诊疗的科学性、医院经营决策的科学性、成本费用控制的合理性等。因此,第三方监督机构的组成成员可以考虑由多学科背景专家组成,如医生、医学院校的知名教授、药企企业家、医保机构经办人员、专业会计和审计人员及典型疾病的部分患者等。

第六章 医疗保险基金收支平衡及可持续发展研究

本章首先从理论上论述医疗保险市场的逆向选择及道德风险对医疗保险基金收支平衡的危害,然后对学界关于医疗保险基金收入和支出可持续发展的研究进行述评,最后再选取 2001—2017 年四川省城镇职工医疗保险基金收入和支出样本数据,采用时间序列模型进行建模做实证分析,之后对 2018—2040 年城镇职工医疗保险基金的收入和支出进行预测,得出只要保持现有医保基金收支政策的延续性,医保基金收支是可持续的,不会发生失衡风险的结论。

第一节 医疗保险市场的逆向选择和道德风险

逆向选择和道德风险在世界各国的保险市场普遍存在。在我国的医疗保险市场,仍然存在着逆向选择和道德风险现象,二者或多或少地影响着我国医疗保险基金的收支平衡及可持续发展。

一、逆向选择影响医疗保险的覆盖率,降低医疗保险基金收入

实现全民医保最主要的标志当然是提高医疗保险的覆盖率,或者说,提高全民的参保率。但卫生领域的逆向选择行为将使医疗保险的覆盖率

大打折扣。

逆向选择普遍存在于保险市场。除了罗斯柴尔德（Rothschild）和斯蒂格利茨（Stiglitz）（1976）研究的汽车保险市场（被学术界称为RS模型），芬克尔斯坦（Finkelstein）和波特巴（Poterba）（2004）利用英国某大型年金保险公司1981—1998的数据研究了年金市场中的逆向选择，K. I. Simon（2005）根据美国1991—1996年在47个州实行的"小规模群体健康改革"（Small-group Health Insurance Reforms）案例，从反面证明了健康保险市场存在逆向选择现象。

罗斯柴尔德和斯蒂格利茨（1976）提出并详细分析了市场中的逆向选择问题。产生逆向选择问题是由于市场中的信息不对称。保险中的逆向选择是指这样一种现象：不同的被保险人风险大小（风险类型）不同，被保险人了解自己的保险类型而保险人不了解（即信息不对称）。由于高风险的被保险人往往更愿意购买保险，使保险人的风险增大，保险赔偿额上升，保险人就必须提高保费，而较高的保费又阻碍了低风险的人购买保险，使得保险人的风险进一步增加，不得不进一步提高保险费。逆向选择现象使得保险资源不能达到最优配置，保险市场的效率低下。在医疗保险市场，保险人与被保险人之间信息不对称更为突出，逆向选择更加常见。相对于一般人群，拥有更大损失风险的人群对保险会有更高的需求意愿，造成医疗保险市场高风险者"驱逐"低风险者。在我国，逆向选择已成为医疗保险领域一个十分常见而突出的问题，直接影响到医疗保险覆盖率的提高。

（一）医疗保险领域逆向选择的表现

信息经济学视角下，逆向选择发生在保险人与投保人签订保险合同之前，是医疗保险领域的首要问题。从我国医疗保险发展的现状看，不论是新型农村合作医疗还是城镇居民医疗保险，都没有在法律的框架下形成强制性参保的约束，因而引发了逆向选择——高风险者积极参保、低风险者部分退出，这在很大程度上降低了新农合基金和居民医保基金的抗风险能力。即使在城镇职工医疗保险领域，虽然《中华人民共和国劳动合同法》规定用人单位有义务为劳动者购买职工医疗保险，但实际执行的效果并不理想，部分民营企业只选择高风险员工参保，或是全体员工都不参保，显而易见，这也造成了逆向选择。另外，在我国的商业健康保险市场，即便健康险包含了销售人员的核保、体检医师的核保、生存调查、核保人员的核保四重环节，并需要参考被保险人年龄、财务、体格、病史等风险因素，但是受交易成本约束和保险公司盲目扩张业务的影响，上述核保程序往往形同虚设，逆向选择在商业健康保险亦有发生。

根据2017年国家统计局数据显示，我国城镇职工医疗保险年末参保人数为3.03亿人，城乡居民医疗保险年末参保人数为8.74亿人。职工医保和城乡居民医保参保人数合计11.77亿人，占总人口13.9亿的84.66%，也就是说还有13.34%的人没有参加任何医疗保险。据相关资料显示，农村中未参保者以身体健康的农民工和未成年人为主，参保人群中高风险者占据较大比例，逆向选择的风险很高。而保险人的利益也会受损，与期望选择更多低风险者的初衷相违，其得到的是一大群高风险者，逆向选择下保险人会因高风险者过多、疾病发生率剧增而导致基金入不敷出，甚至破产。

（二）医疗保险领域逆向选择成因分析

1. 医保制度缺乏法律的强制性约束

享有健康保障是公民的一项基本权利，公民的这种权利已得到《中华人民共和国宪法》《中华人民共和国民法通则》《世界卫生组织组织法》等法律和法规的确认。但从国际经验可知，要更好地维护公民的健康保障权利，还需要具体的、有针对性的医疗保险立法来保证投保人的规模，以有效发挥大数法则的积极作用，解决逆向选择的困境。

发达国家很早就开始了医疗保险领域的立法。德国在1883年就颁布了《疾病保险法》，标志着世界上第一个社会医疗保险国家的诞生，辅以商业医疗保险，整个德国有99.8%的人得到合理的医疗保障；日本沿袭德国的模式，于1922年通过了《卫生保险法》，这也是亚洲的第一部社会保险法律，之后又颁布和修改了相关法律，现在日本参加医疗保险的人占总人口的99.5%；英国颁布《国家卫生服务法案1946》，规定非营利性医院收归国有、医生成为政府的雇员、政府以税收补偿医疗服务费用、所有公民都能得到免费医疗。另外，发展中国家如泰国、波兰、墨西哥等国在近年亦颁布了国家级的医疗保险法律。

由于受医疗保险制度的实施时间较短、牵涉的利益团体复杂、人口流动大、医疗行业整体素质不高等约束，我国的医疗保险呈现出立法不健全、立法层次低、法律实施的机制不健全等特点。相关立法仅停留在各类决定、通知、意见等行政法规条例上，还没有一部由国家立法机构全国人大制定的基本医疗保险法。一方面，对有关职能部门和地方政府的约束力不够，所以许多医疗保险改革政策得不到很好的落实，客观上不能保证医疗保险的覆盖；另一方面，"自愿原则"下的健康人群，把参加基本医疗保险看作是自己的事，而不是当作一项公民的责任和义务，部分年轻人、疾病风险低者会选择不加入（并不会受到法律的制裁），即主观上降低了医疗保险的覆盖率。

2. 医保制度之间的衔接困难

受城乡二元结构和经济发展水平的影响，我国医疗保险制度设计主要从人群结构出发，缺乏总体规划，城镇职工、农民、城镇居民被纳入不同的制度范围，险种之间无法有效衔接。当前，城镇职工和居民基本医疗保险由劳动保障部门管理，新型农村合作医疗由卫生部门管理，社会医疗救助由民政部门管理。多部门管理造成管理界限混淆，管理效率不高，同时增加了管理难度，对参保人的转移续接造成不利影响，不适应城乡一体化、人口流动性和全民医保发展的要求。

截至2015年底，参加城镇职工基本医保的职工人数为28 893.1万人，仅占当年城镇就业人员（40 410万人）的71.4%。显然，随着城市化的推进，大量农村"进城不离乡"的城镇就业人员由于户口等问题没有参加城镇职工基本医疗保险，依然参加家乡的新型农村合作医疗保险，降低了保障水平。这既反映了政府的消极应对，也源于企事业单位对自身利益的考虑。对于未成年人参加城镇居民医保，许多城市如广州的要求是，"具有本市户籍的学龄前儿童及未满18周岁的其他非在校人员"。由此可知，外来人口的子女在学龄前是不能加入广州城镇居民医保的。于是，一些举家来广州等城市的外来家庭，极有可能处于父母和孩子依然参加的是老家的新型农村合作医疗保险的情况。

3. 医保缴费及政府补贴机制有失公平

逆向转移支付是指中央和地方的财政补贴更多地使非贫困人口受益。依据《关于巩固和发展新型农村合作医疗制度的意见》的规定："2009年，全国新农合筹资水平要达到每人每年100元，其中，中央财政对中西部地区参合农民按40元标准补助，对东部省份按照中西部地区的一定比例给予补助；地方财政补助标准要不低于40元，农村个人缴费增加到不低于20元。"显然，在新农合的缴费中，政府的初衷是通过转移支付，以资助贫困人口，使贫困人口受益。然而，在具体实施过程中，由于参加合作医疗是自愿的，农民必须在报名参保并自己交纳了合作医疗费用后，才能得到中央和地方政府的资助。农村中的贫困者，因为不能支付20元合作医疗费用而无法得到中央或地方政府给予的补助。能参加新农合的是农村中相对宽裕的人群，其也就更有可能享受政府提供的补贴以及相应的医疗保障，这在客观上形成了富人既富又有医保，穷人越穷越没有保障的局面。

在城镇职工医保的实施过程中，部分地区规定灵活就业人员可以参加城镇职工医疗保险，除了自己负担一部分，企业还需缴纳大部分保费，而以上人员往往既是社会中的低收入阶层，又在劳动密集型的单位工作。因此，即使自己愿意负担属于自己缴纳的那部分费用，更大的问题在于企业是否具备良好的社会责任和足够的资金去承担大部分保费。实际情况是，我国的多数企业没有这么做，而且政府也没有补贴企业的这部分保费，最终制度实施后，没能参加城镇职工医疗保险灵活就业人员依然存在。此处的逆向选择可被视为政府、企业、灵活就业人员三方间的博弈，首先，政府责任从职工医保脱身；其次，企业在外部监管不力的漏洞下减少了一笔较大开支；最终，灵活就业人员作为博弈劣势方没有参加城镇职工医保（不论他们身体状况是好是差），这实质上降低了城镇职工医保的覆盖面，没有"广覆盖"，大数法则效用也就大打折扣，最终也损害了城镇职工医保的良性运转。

4. 医保制度之间的待遇差别

我国社会医疗保险制度坚持的是权利与义务对等原则，统筹基金量入为出，缴费水平的高低直接决定了保障待遇水平。城镇职工主要以企业单位缴费为主，城镇居民和农民则以个人缴费为主，没有就业的居民和农民在缴费能力上明显低于有收入、有雇主的城镇职工，因此在保障待遇上差异明显。一旦家庭成员加入报销待遇相对高的险种，会降低家庭内其他成员参与待遇相对低的医保意向。

目前，虽然在制度上逐渐实现了医保的覆盖，但是参保人员个人医疗费用负担仍然较重，"看病贵、看病难"尚未得到有效解决。部分省市已经将城市居民医疗保险和新型农村合作医疗保险合并，简称为城乡居民医保，但城镇职工医保与城乡居民医保在补偿比例上有较大差距。不同制度体系形成的保障水平差异，直接影响到社会公平，这就降低了城镇居民和农村居民的参保积极性，少数城镇居民会冒名使用家庭内职工医保卡；经济条件好、身体健康的农村居民则会选择参加商业医保或自保，使新农合基金高风险者比例上升，对基金的稳定运行形成了一定的风险。

此外，新农合和大部分的城镇居民医保主要是为了解决人们的大病风险，而对门诊报销较少或根本不将门诊纳入医保报销范围，这种"保大不保小"模式的后果将是：对于低疾病风险者（参加1年或以上医保），在年内的几次小病得不到门诊的报销，而其患大病的概率实在太小由此也不能享受住院报销；低疾病风险者会认为缴纳了医保费用但没有享受到相关利益而选择退出医保。此时，逆向选择带来了医保中高风险者比例上升，医保基金的出险概率增加，新农合和城镇居民医保将面临可持续发展的难题。

二、道德风险增加医疗保险基金支出，严重影响全民医保费用的可持续性

肯尼斯·阿罗在1963年发表的经典论文《不确定性与卫生保健的福利经济学》开创了医疗保险领域信息不对称及道德风险问题的研究，文

章指出：医疗保险市场与完全竞争性市场不同，由于一方面医方较患方掌握更多的医疗技术、治疗效果、价格的专业信息，另一方面医方拥有双重代理人身份（既作为保险人的代理人又作为投保人的代理人），有限理性人的医方做出有利于自身的行动，诱导患者使用昂贵的治疗、私人护理、更频繁的治疗次数、非必需的服务。

（一）医疗保险领域道德风险的表现

根据信息经济学的解释，在订立契约或契约执行过程中，有些信息是一方知道而另一方不清楚的，拥有充分信息的一方常常被称为代理人，而处于信息劣势的一方则被称为委托人。如果委托人不能完全监控代理人行为，代理人有做出不诚实和不受委托人欢迎行动的倾向，则被称为道德风险。在社会保障领域，也存在着广泛的道德风险，其中，发生频率最高、分布最广、造成损失最大而又难以有效控制的当属社会医疗保险。

我国的社会医疗保险系统主要由保险人（社会医疗保险机构）、被保险人（患者）、医疗服务供方（医疗机构及药店）、政府组成一种四方三角关系。由于各方都有自己的利益考虑，追求的目标不尽相同，如保险人要维持医疗保险基金的平衡、被保险人的目标则是健康收益最大化、医疗服务供方寻求经营收入的最大化，于是各方有意无意地隐藏对自己有利的信息，从而出现各方之间信息不对称的现象。信息不对称形成了多重委托代理关系，其中，与道德风险困境发生直接相关的有：保险人—被保险人委托代理关系；被保险人—医方委托代理关系；保险人—医患委托代理关系；被保险人—保险人委托代理关系。由于我国社会医疗保险体系的特殊性和复杂性，道德风险困境已成为我国医疗保障制度改革的绊脚石，导致我国卫生费用急剧上涨。2016 年我国人均卫生费用达 2 581 元，与 2009 年 1 314 元相比，增长了约 96.4%，其中城市居民人均卫生费用增加了 63.5%，远远超过同期 GDP 增长速度和城乡居民收入增加速度。卫生费用的高涨对医保基金的稳定和卫生资源的有效分配都有不利影响。

（二）医疗保险领域道德风险成因分析

1. 被保险人为了获得高补偿额，过度需求医疗服务

在加入医疗保险后，被保险人（患者）对自己疾病预防、疾病状况、治疗方法等信息的掌握要强于保险人，极易形成过度需求，即投保人消耗了非必需的或过量的医疗资源，使医保基金需求量超过供给量，保险人基金支付负担加重。

兰德健康保险实验中，研究人员曾设计了五种保险计划自付率为0%、0.25%、50%、95%，门诊年内自付150美元。研究显示，自付率高的人较少看医生，支出的医疗费用也相对较少，完全免费（0自付率）的人医疗服务利用率最高、医疗费用消耗也最高，其中1年内任一服务的利用率较95%自付率时增加了19.1个百分点，增幅为28.2%；1年内任一住院利用率较50%自付率时增加了3.1个百分点，增幅达43.1%；1年内发生医疗费用较95%自付率时增加了210美元，增幅为38.9%，这说明在花别人钱的时候个人的需求趋向非理性，呈现道德风险。

随着全国范围内的基本医疗保险筹资水平的提高，保障范围的进一步扩大，投保人获得的报销比例也有了一定的提高，甚至在某些经济发达地区出现了近似于免费医疗的保险制度。如广州市番禺区城镇职工医保对住院、门诊特定项目以及家庭病床的补偿比例都在90%以上。患者在享受统筹基金报销之前，虽然要负担一定的起付线费用，但为了获得住院补偿，即使是小病，部分患者也有动机将小病"主动转化"为大病，因为起付线以上的统筹基金报销比例（90%~98%）确实很经济实惠。

2. 供方为了提升额外收入水平，诱导患者增加需求量

被保险人（患者）由于缺乏医学专业知识，在接受医疗检查、治疗时，相对于医方处于信息的弱势地位。在专业信息优势的条件下，医方对患者的需求能产生极大的影响。为了追求自身利益，代理人（医方）容易诱导患者选择大处方、不必要的检查、重复治疗等非必需的医疗服务，被称为供方诱导增加医疗需求，供方诱导需求被认为是不被观察且不道德的行为。

在一般性竞争市场上，买卖双方信息完全且对称，商品的价格与数

量会相对均衡，即在价格过高时，供方会增加供给量，市场竞争机制发挥作用，抑制商品价格。但信息不对称的医疗市场，增加医生数量、提高医生占总人口比重，并没有达到抑制医疗价格的目的，反而导致了医疗服务利用率和价格的上涨。最初由美国学者研究证实的"只要有病床，就有利用病床的人"罗默法则在我国同样适用。相较于发达国家，发展中国家包括我国，患者在供方诱导增加需求面前要承受更大的压力。因为一方面我国的患者对医生的专业知识了解更少，另一方面，大部分的卫生费用要靠患者个人支付，对于重病患者和家庭（尤其是贫困人口）会是不小的压力。

根据 Evans 理论，医生作为一个追求效用最大化的医疗服务供方，其效用函数表示为 U=U（Y，W，D），其中 Y=医生净收入（正效用），W=医生工作时间（负效用），D=医生诱导需求的心理成本（负效用）。这一函数表明，医生在诱导需求不断增加的情况下，其心理成本也会增加，如果在不延长医生工作时间的情况下，诱导需求额外收入能够抵消心理成本，将有利于医生整体的效用函数提升，医生会增加诱导需求行为。而由于我国的补偿机制和社会医疗保险制度都还不是很完善，卫生机构的业务收入与事业收入占据了医方收入来源的大部分，而政府补贴较少，2015 年卫生部统计数据显示，各类卫生机构 87.1%的收入源于本单位的业务和事业经营，政府财政补助捉襟见肘。于是，按项目付费方式也成为各类医疗机构最常采用的补偿方式，为补偿自身的低医技收入，医方向患者提供大处方、非必需药品的动机就会强烈，此时，医方通过诱导需求获得的额外收入抵消了心理成本及在此过程中增加的时间成本。在我国，医院药品收入在业务收入中的比重很大，总体在四成以上，前文已经论述，这里不再累述。以综合医院出院病人药费为例，人均药费逐年增加、药费占医疗费的比重较高，而发达国家药品占卫生费用的比重很小，经合组织国家（OECD）平均为 20%，2005—2006 年间哈医大二院天价医疗费事件和深圳市人民医院天价医疗费事件即是对供方诱导需求的佐证。

3. 医患为了维护共同利益，合谋发生欺诈行为

医方诱导需求有时也会得到患者默许或积极支持，只要患者能从与医生的共同行动中获得利益，这时的医患共为代理人，合谋"对付"保险人以最大化消耗医疗资源，被称为医患合谋。大部分医患合谋的发生源自"第三方付费"模式，投保人在患病时获得补偿额，其消费动机增强，使原本不需要的服务转化为需求，同时医方为增加自身的收益，也欣然为被保险人提供非必需、过度的医疗服务。

医患合谋本质上是保险欺诈行为，已严重威胁到我国医疗保险基金的安全。如，我国城镇职工医疗保险设置个人账户，最初目的是为了明确个人在医疗保险的责任、约束不合理的医疗消费和对医疗费用的支出进行控制，以增强个人的费用意识。但在实际操作中，个人账户不能区分医疗需求敏感人群和不敏感人群，形成"无病的人不需要，有病的人不够用"现象。这也诱导了部分人或与医疗机构、或与药店合谋，利用个人账户的资金购买营养保健品、日用百货，最终损害了社会医疗保险的互助共济功能。

在住院服务中，存在着"冒名住院"和"挂床住院"等医患合谋现象。冒名住院是指没有参加医疗保险的病人为了使其住院费用能够报销，在入院的时候使用参保人的医疗保险卡及其姓名进行登记，假冒参保人的身份报销其所发生的医疗费用。挂床住院是指病情较轻而未达到住院标准的参保人员在医院开设床位住院，医院为其出具病历，但病人实际没有住院。冒名住院、挂床住院的患者占据了大量的、非必需的医疗资源，而导致急需医疗救治的患者得不到足够的医疗资源。关于医患合谋，争议的一大热点是2009年神木县实施的"全民免费医保"。全民免费医疗使患者医疗需求剧增，但相应的卫生资源还不能满足，因此，就有了医生"帮助"患者住院而收受红包、轻度症状患者长时间占据病床、重症患者得不到及时治疗等现象的出现，医保基金没有发挥应有的功能。"小病患者不想出院，大病患者住不进院"的状况也使部分人对全民免费医疗的可持续开展产生疑问。批评者称，"免费午餐"有可能成为医患合谋的"盛宴"，最终无法逃脱"一哄而起、一哄而散"的命运。

4. 保险人为了套取基金，出现败德行为

保险人在技术实务、经营管理、保险专业知识等信息上拥有垄断地位，投保人要获得这些信息须付出很大的机会成本。在担保人—保险人委托代理关系中，保险人容易出现官僚主义和故意不履行责任的败德行为，不仅损害基金的安全，最终还会损害投保人的合法权利。

医保基金的管理涉及基金筹集、分配、使用、投资诸环节，任何一个环节出现败德行为，都能威胁到医保基金的有效运作。如我国的新型农村合作医疗制度实施至今，虽然取得了一定的成就，但基金管理不善依然严重制约着新农合的可持续发生：新农合"套资"事件常常见诸媒体，由于财政拨款方式的缺陷，个别地方政府有可能通过垫资（为没有加入合作医疗的农民垫付资金）或虚报合作医疗人数，以套取（上级拨款到位后，抽出已垫付的资金）中央政府的资金。

第二节 医疗保险基金收支平衡及可持续发展研究述评

我国自 1998 年建立城镇职工基本医疗保险制度，之后分别在 2003、2007 年建立了新型农村合作医疗保险制度和城市居民基本医疗保险制度。基本医疗保险作为社会保险体系的重要组成部分，经历了"由点到面""从城市到农村"的发展历程，截止到 2010 年实现了制度的全覆盖。2016 年开始，全国先后实施将新型农村合作医疗保险制度与城市居民基本医疗保险制度的合并，统一筹资和支出标准，极大地提高了农村居民医保的报销率。根据我国医疗保险"以收定支、收支平衡、略有结余"的基本原则，在相当长一段时间内，各省市城镇职工医保筹资标准一般来说，个人工资基数的 2%直接进入个人医保账户，单位缴纳个人工资基数的 6%分为两部分，其中 30%进入到个人账户中，剩余的 70%进入统筹基金，确保个人累积与统筹风险分担共济。也就是说，单位和个人缴纳基金总额的 3.8%进入个人账户，4.2%进入统筹账户。从 2016 年 5 月起，用人单位按缴费基数的 8%（企业为 7.5%）缴纳，在职职工个人仍按缴费基数的 2%缴纳。

但是，随着基本医疗保险制快速发展和保障水平不断提高，特别是在我国人口老龄化日益严重的背景下，基本医疗保险制度的平稳健康运行也一直存在着诸多问题，基本医疗保险基金的收支平衡逐渐面临严重的挑战。虽然三项基本医疗保险基金运行总体情况良好，基金结余量较大，但同时也正面临着基金支出增长较快，部分地区已出现赤字化现象，且呈现出持续增加态势；基金统筹层次较低，基金规模较小等系列性社会问题。维持基金收支平衡及可持续发展问题引起学者们极大的研究热情，研究成果比较丰富。或许是因为城镇职工医保制度建立的时间最早，数据资料最齐全，学者们主要将研究重心集中在城镇职工医保基金的收支平衡上。相对于城镇职工医保收支平衡的研究成果，单独研究城乡居民医保收支平衡的文献很少。知网搜索发现仅见少许几篇，如初可佳、李昂（2014）以广东省 A 市为例，研究了城镇居民基本医疗保险制度的可持续发展。

关于医保基金的研究，研究的方法多种多样，有的学者使用定性分析方法，有的学者使用定量分析方法，也有使用定性与定量相结合的方法。前期研究成果主要集中在阐述医保基金收支数量平衡的重要性和维持平衡的技术方法，另有专门研究医保基金收支风险的评估方法。

一、医保基金收支数量平衡的重要性及维持平衡的技术处理

贾洪波、李国柱（2005），朱波、周卓儒（2010）运用定性分析方法从理论层面研究人口老龄化对城镇职工医保基金运行的影响以及探讨人口老龄化背景下我国城镇职工医保制度的改革路径。研究医保基金收支平衡的定量方法，学者们主要使用了时间序列模型、面板数据模型、协整模型及保险精算模型。

（一）时间序列模型在研究医保基金收支平衡中的运用

学者马桂峰等（2017）使用时间序列 ARIMA 模型研究了全国 1995—2015 年城镇医疗保险基金收支平衡，考虑到数据的可得性，1995—2006 年数据仅包含全国城镇职工基本医疗保险基金收入和支出情况；2007—2015 年的数据是城镇职工基本医疗保险基金和城镇居民基本医疗保险基金的总体运行情况。研究结果：预测到 2021 年基金收入总额为 20 075.10 亿元，支出总额为 20 256.40 亿元，年度基金支出大于年度基金收入。为此，需有效提高医保基金的利用效率，提高医保基金的统筹层次。学者马桂峰（2018）使用灰色预测 Verhulst 模型、GM（1，1）模型，以山东省某市为例，预测该市 2003—2015 年间城镇职工基本医疗保险基金的收支变化规律。由于城镇职工基本医疗保险筹资增长速度慢于支出的增长速度，较早大约在 2018 年，较晚大约在 2020 年前后将会出现收不抵支的年度超支风险。最后作者建议：在医疗费用快速上涨的现状下，城镇职工基本医疗保险基金的收支平衡压力越来越大，社会医疗保险制度应该尽早采取措施提高筹资水平，控制医疗保险基金支出的增长速度，确保城镇职工医疗保险基金的收支平衡，保障社会医疗保障制度的可持续发展。

学者高润国等（2018）利用时间序列 ARIMA 模型，对 1995—2015 年间全国城镇职工基本医疗保险基金收支平衡进行了预测。他们首先利用 ARIMA 模型构建基金收入和支出总额的一次拟合模型，再利用马尔可夫模型来修正拟合值构建二次模型，从而提高预测的精度。得出结果：基金收入一次模型的平均相对误差为 5.81%，二次模型降低为 2.01%；基金支出一次模型的平均相对误差为 9.14%，二次模型降低为 5.35%。最后得出研究结论：从全国情况来看，城镇职工基本医疗保险保持现有的收入支出政策不变，在 2016 年到 2025 年不会出现年度超支。

同样是利用时间序列模型，研究的样本区间也基本一致，得出的研究结论缺不尽一致。马桂峰等学者主要利用的是 ARIMA 和灰色预测 Verhulst 模型、GM（1，1）模型，无论是从全国范围来看，还是部分区域如山东省某市，在未来某个年度，城镇医疗保险基金收入和支出将出现收不抵支的失衡现象。高润国同样也使用的是 ARIMA 时间序列模型，却得出只要现有医保基金收入和支出政策维持不变，城镇职工医疗保险基金收入和支出就不会出现失衡现象的结论。

（二）面板数据模型在研究医保基金收支平衡中的运用

学者贾洪波等（2017）选取城镇职工医疗保险基金支出、城镇职工医疗保险基金收入为被解释变量，选择人口老龄化为解释变量，并加入在职职工平均工资水平、职工医保参保总人数以及各省、市、自治区 GDP 水平作为控制变量。为增加数据的平稳性，城镇职工医疗保险基金支出、城镇职工医疗保险基金收入、工资水平和经济发展水平取平均水平后再取对数。参保人数取每百人中的参保人数，老龄化水平用 65 岁以上人口抚养比。研究认为：中国持续的人口老龄化对城镇职工基本医疗保险基金收支平衡有显著影响。在其他影响因素不变的情况下，人口老龄化每增加 1 个单位，人均职工医保基金支出和人均职工医保基金收入分别增加 1.786 个单位和 1.315 个单位，人口老龄化带来职工医保人均基金支出的增长幅度大于职工医保人均基金收入的增长幅度。因此建议：延迟职工法定退休年龄、弱化职工医保个人账户、完善职工医保费用支付方式、提高职工医保基金统筹层次有助于缓解人口老龄化对职工医保基金收支平衡的冲击。

学者朱祝霞（2018）以 2003—2010 年间全国 31 个省、市、自治区的面板数据资料为依据研究医保基金的收支平衡影响因素。作者选择实际人均职工医保基金当年结余（Y）作为因变量（被解释变量）。解释变量有：实际人均国内生产总值（PGDP）和职工实际工资水平（PINC）两个变量考察收入增长对我国职工医保基金收支平衡状况的影响；法定报告传染病死亡率（DMR）用以度量技术进步对我国职工医保基金收支平衡状况的影响；医保制度内的人口老龄化（RET）用以度量人口老龄化对我国职工医保基金收支平衡状况的影响；是否提高封顶线（INS）是虚拟变量（Dummy Variable），该变量用以表征医保需方政策的变化对我国职工医保基金收支平衡状况的影响。按照现行中央和地方的财政关系，我国卫生服务类公共产品的主要支出责任被分派给地方政府，即使在经济发展水平相同的省市，不同的地方政府领导的财政投资结构的倾向性也是有差别的，所以在考虑地方 GDP 的基础上还加入了政府财政投入（FIN）变量，代表各地区卫生经费占财政支出的比例。此外，作者还考虑了每千人口床位数（BED）和每千人口医师数量（DOC）两个变量，用以考察供方诱导需求对我国职工医保基金收支平衡状况的影响程度。作者的理由是：随着医生数量或医院床位的增加，按照经济学中的供求原理，加大的供给会导致医疗费用水平的下降（在医疗资源充足的地区）或至少不增加（在医疗资源缺乏的地区），进而导致人均医保基金支出的减少，一旦医生数量或医院床位的增加带来了人均医保基金支出的增加，就说明供方诱导需求现象存在。

这个理由值得商榷。其一，医疗服务供方诱导需求主要原因是医患之间由于信息不对称导致医方开"大处方""大检查"等。其二，具体到医院的实际住院情况，不会因为院方增加了床位和医师数量而降低服务费用单价，也不会因为床位和医师数量紧张就增加服务费用单价，部分医院住院部有时在楼道里都安排有病人，但只要接受相同的医疗服务，就支付相同的费用。美国学者证实的罗默法则在我国依然存在，即使 增加了医生人数和病床数，医疗服务价格也不会下降。或许作者选取的 2003—2010 年之间的样本，这期间中国的老龄化还不太严重，因此得出的结论是：我国职工医保基金收支平衡状况的变化是由不可控因素（收入增长、人口老龄化）和可控因素（供方诱导需求）共同作用的结果。诱导需求对医保基金收支平衡能力的威胁最大，人口老龄化尽管对医保基金收支平衡有显著的影响，但影响的程度没有供方诱导需求大。当前（样本区间 2003—2010 年）人口老龄化对医保基金收支平衡不构成威胁。

学者段亚伟（2014）用 2002—2012 年省级面板数据，实证研究了城镇职工医保缴费负担，研究认为：中西部地区的城镇职工医保缴费负担要显著重于东部地区。参保人口的老龄化程度、人均医疗支出水平是导致区域间不公平性的主要因素。我国低统筹层次的医疗保险制度与劳动人口流动日益增加的现象不相适应，并对各地区城镇职工医保基金的收支平衡产生影响。

（三）协整模型在研究医疗费用与其余因素的关系中的运用

何平平（2006）使用1978—2003年数据，采用协整分析与误差修正模型研究经济增长、人口老龄化与我国医疗费用增长的关系，将人均医疗支出H（文中用人均卫生总费用代替）作为因变量，人均GDP和人口老龄化作为解释变量。研究认为：我国医疗费用增长不仅受经济增长的影响，而且也受人口老龄化的影响，并且人口老龄化对我国医疗费用增长的影响明显高于经济增长对我国医疗费用增长的影响。我国医疗保健的收入弹性小于1，医疗保健是必需品。

（四）保险精算模型在研究医保基金收支平衡中的运用

邓大松、杨红燕（2003）使用精算模型测算了医疗保险筹资费率，侧重研究老龄化对医保基金收支平衡的影响。分析认为：人均工资增长率与人均医疗费用支出增长率相等时，人口老龄化导致医疗费率增长的绝对额有限，在人口老龄化最高峰2050年的预期筹资费率仅为6.78%~7.41%；相对人均工资而言，人均医疗费用支出以较快速度增长时，人口老龄化将导致医疗费率的急剧增长。当每年的人均医疗费用支出增长率以超过人均工资增长率2%的速度持续上升时，就将导致人口老龄化最高峰2050年时预期费率达到16.28%~17.80%；进一步，如果考虑老龄化加权因素时，老龄化对医疗保险费率的影响更大一些。

胡鹏、何源（2015）首先分析了影响基本医疗保险基金筹资和支出的主要因素，然后以大连市为例，建立模型进行了筹资和支出的预测。影响筹资的主要因素：缴费基数偏低，绝对额偏低，增速低于职工平均工资；缴费率：个人缴费偏低，单位和个人缴费责任不匹配；政府补助：政府负担比例过高，出现福利化倾向；退休人员：不缴费政策加重在职职工负担。基金支出的影响因素：第一，医疗费用增速过快。主要包括不可控因素和可控因素。不可控因素主要有：人口老龄化、疾病谱、医疗新技术的采用。可控因素主要是管理上控制医疗费用增长的激励约束机制，重点包括三大部类：一是医疗保障水平，二是医院与医保机构的费用结算方式,三是行政监管。第二,补偿比例持续提高。测算结果:收支缺口越来越大,2011年就出现收不抵支现象。特别建议:拓宽筹资基础,工资收入和非工资收入都应该纳入缴纳的基数;改变固定费率的缴费方式,根据经济发展水平和物价上涨水平调整缴费费率。

虞斌(2015)以浙江省为例,使用精算模型研究城镇职工基本医疗保险基金收支平衡,医保基金筹资收入选取的变量有:当年参保人数、上一年职工人平均工资、职工人工资平均增长率、缴费率(一般为8%)、表示保费中划入统筹基金收入的比例(一般为30%);医保基金支出选取的变量有当年参保人数、人均统筹基金支出、人均统筹基金支出增长率。得出的研究结论:到2027年,浙江省城镇职工基本医保当期统筹基金收支的差额为-12.78亿元;2034年,浙江省城镇职工基本医保累计结余的赤字为643.35亿元。

王立剑、叶小刚(2015)通过保险精算模型对"十三五"时期城镇职工基本医疗保险统筹基金收支测算认为:"十三五"期间城镇职工基本医疗保险制度具备财务可持续性,建议提高城镇职工基本医疗保险报销比例、扩大制度覆盖面和探索医疗保险基金保值增值机制。

(五)运用其他方法研究医保基金的收支平衡

此外,还有学者使用 Pro Model 仿真模型研究医保基金收支平衡,如齐新业等(2018)使用 Pro Model 仿真软件模型研究了黑龙江省基本医疗保险收支平衡。因变量为医保基金收支结余,影响因变量的因素包括筹资标准、参保人数、补偿报销项目、报销比、疾病类型、就诊流向等,将筹资标准、住院就诊流向及住院报销比等作为影响因变量的主要干预变量实施仿真模拟。研究认为:保持基本变量增长率不变的前提下提高筹资标准,医保基金结余相应增加;提高筹资标准,改变就诊流向,医保基金变动更为缓和;提高筹资标准,适当调整补偿水平,医保基金结余有所变动;筹资标准、就诊流向、补偿水平同时调整时,医保基金结余较之前更为合理。建议适当提高医保筹资水平,实施分级诊疗可在保证医保基金结余的同时进一步提升医保补偿水平。但作者"默认不同医疗保险类型患者在同级医院费用相同"的研究假设有值得商榷的地方。

人们参保类型不同导致报销比例不同，在同级医院相同门诊服务项目费用相同，但住院费用差别较大。如有诱导需求发生，医生一般对城镇职工医保和公费医疗患者实施诱导需求较多，而对城乡居民医保患者实施诱导需求较少，因为不同参保患者的支付能力差别很大。所以医生对不同参保患者实施的诱导医疗服务需求的效果是不同的。

二、研究医保基金收支风险评估的方法

学者申曙光、瞿婷婷（2012）研究开发了一套社会医疗保险基金收支风险评估方法。基金收支风险影响因素可归纳为两大类。政策制定者可控的因素中，单位缴费划入统筹账户比例与统筹基金收入的关联最为密切。而参保人报销时面临的起付线、最高限额、统筹基金报销比例等与统筹基金支出直接相关，应当特别引起政策当局的重视。政策制定者不可控的因素主要包括人口结构和重大疾病治疗情况。人口老龄化将直接导致参保人员结构老龄化，严重威胁到医疗保险基金的平衡。住院及其费用的发生具有随机性，所以用于报销住院费用的统筹基金支出也具有随机性，因此，重大疾病治疗情况是引起统筹基金支出风险的重要因素之一。使用基金结余和基金累计结余作为统筹基金收支风险评估的一级指标，以人均单位缴费转统筹账户、住院率、受益率、次均住院统筹支出、次均住院费用、人均住院次数、人均住院费用作为二级指标。

三、从制度层面出发研究医保基金收支数量平衡与质量提升

近年来，部分学者将研究重点从之前的维持数量对等关系，转向责任划分和重视服务水平，努力做到数量平衡与质量提升相结合，为完善医保基金收支平衡制度奠定了必要的理论基础。如学者杨燕绥（2014）认为应该做到"控费"与"服务"并重；医保既要管医保基金（控费）也要管医疗服务（监督），在基金收支平衡的基础上，实现医疗保险保基本（分担参保患者经济风险）、保持续（抑制医患道德风险）、保发展（促

进资源合理配置）三大功能。

学者沈世勇、李全伦（2014）研究认为，医保基金收支中的挑战更多地源于政府作为强制性制度的构建者和参与者双重身份之间所产生的矛盾，医保制度可持续发展的关键之一是保险人（政府）能否兑现医保基金收支的"期初承诺"，即保险人承诺在疾病风险发生后，给予参保人适度水平的费用补偿。

两年后，沈世勇、李全伦（2016）研究认为：数量平衡原则是基于政府、社会、个体三种力量演化的结果，满足了财务可持续的要求。当前我国医保改革的重点正从扩大范围转向提升质量，而现有医保基金收支数量平衡制度框架，难以从根本上解决医保基金质量提升的问题，在实践中陷入了费用控制和需求满足的悖论。需要把医保基金收支平衡重新界定为在医保基金收支数量平衡的基础上加入质量平衡的内容，实现"质、量"平衡的统一，才能做到财务可持续和政策可持续的统一，从而实现制度可持续的总体目标。在数量平衡中嵌入权利、目标、需求等内容的具体做法是：以工资基准线上限和下限设计出的缴费基数，具有一定的累退性质，而这种累退性质的制度安排，无疑加深了收入的不平等程度。因此需要从社会层面导入平等权利。在医保基金收支平衡的价值取向中，需要我们从政府履行承诺的能力、意愿、社会责任认同等方面，提炼出相关的指标，导入到医保基金筹资、给付、补偿的各个环节中，也就是从政府层面导入承诺目标。最后，从个体层面导入需求期望。保障水平太低不能满足个体的整体需要和利益，制度分散风险的能力弱；保障水平太高超出了主体缴费的承受能力，医保基金筹集困难，制度存续同样面临威胁。所以，需要同时综合考察参保主体的缴费能力（主要涉及劳动者和单位）和缴费意愿（主要是劳动者），以及参保主体对于医保基金的需求（主要是劳动者）。

四、总结

笔者进一步将上述学者们的研究成果概括总结如下：就研究方法而论，有使用医保基金收入和支出单一时间序列预测模型的，也有将医保基金收入和支出作为被解释变量，将可能对医保基金收支有影响作用的其余因素如经济增长、人口老龄化趋势、工资水平、缴费费率等作为解释变量，研究分析它们之间的作用机理。根据所选样本范围及当时医保基金收支运行及制度安排，多数学者预测将来的某个年份会出现医保基金收不抵支的失衡现象。至于影响医保基金收支平衡的主要原因，学者们都特别强调我国的人口老龄化趋势，但影响的强弱程度迄今还没有研究定论。最后，从制度层面对医保基金收支平衡提出了更高要求，不仅要做到收支数量财务上的平衡可持续发展，还应该努力提升医疗服务质量，让百姓病有所医，真正享有健康保障。

表 6-1 医保基金收支平衡主要研究成果

作者	研究范围（对象）	样本（预测）区间	主要结论
马桂峰、盛红旗、张婷等	全国城镇职工医保收支	1995—2015	最迟2021年会出现收不抵支
马桂峰、朱忠池、仇蕾洁等	山东省某市城镇职工医保收支	2003—2015	2020年会出现收不抵支
高润国、马安宁、盛红旗等	全国城镇职工医保收支	1995—2015	未来不会出现收不抵支
贾洪波、赵德慧	全国城镇职工医保收支	2004—2015	人口老龄化带来职工医保人均基金支出的增长幅度大于职工医保人均基金收入的增长幅度，长此以往会出现收不抵支
朱祝霞	全国城镇职工医保收支	2003—2010	诱导需求对医保基金收支平衡能力的威胁最大；人口老龄化对医保基金收支平衡有显著影响，但影响的程度没有供方诱导需求大
段亚伟	全国城镇职工医保收支	2002—2012	参保人口的老龄化程度、人均医疗支出水平是导致区域间医保基金缴费负担不公平性的主要因素

续表

作者	研究范围（对象）	样本（预测）区间	主要结论
何平平	全国医疗费用支出	1978—2003	人口老龄化对我国医疗费用增长的影响明显高于经济增长对我国医疗费用增长的影响
邓大松、杨红燕	医疗保险筹资费率	2010—	人口老龄化显著影响筹资费率
胡鹏、何源	大连市基本医保收支	2006—	收支缺口越来越大，2011年就出现收不抵支现象
虞斌	浙江省城镇职工医保收支	2010—	2027年会出现收不抵支
齐新业、吴群红、康正等	黑龙江省基本医保收支	2008—2014	筹资标准、就诊流向、补偿水平同时调整，医保基金结余较之前更为合理

第三节　四川省城镇职工医疗保险基金收支平衡实证分析

一、四川省城镇职工医疗保险基金运行情况

我国在1998年建立了城镇职工基本医疗保险制度。城镇职工基本医疗保险筹资的基本原则是"多方共担、统账结合"。一般来说，个人工资基数的2%进入个人医保账户，单位缴纳个人工资基数的6%进入统筹基金，进入统筹基金的30%再放到个人账户中，确保个人累积与统筹风险分担共济。表6-2是四川省2003—2017年城镇职工医疗保险基金的收入和基金支出结余的变化趋势。基金收入平均增长率为23.79%，基金支出平均增长率为22.74%。从基金支出与基金收入占比来看，2003年保持在87%，之后有所下降，2008年降到69%，然后又一路上升，2016年基金

支出占基金收入的比例接近 80%。

表 6-2 2001—2017 年四川省城镇职工医保基金收支结余情况

年份	基金收入/亿元	基金支出/亿元	年度结余/亿元
2001	17.9	15.8	2.1
2002	23.3	21.4	1.9
2003	30.8	27	3.8
2004	38.5	33.5	5
2005	49	42.4	6.6
2006	71.9	49.5	22.4
2007	90.5	61.1	29.4
2008	115.9	80.5	35.4
2009	127.33	108.78	18.55
2010	182.46	139.94	42.52
2011	223.35	167	56.35
2012	272.68	219.86	52.82
2013	318.45	267.21	51.24
2014	378.72	304.6	74.12
2015	430.08	351.06	79.02
2016	493.76	387.29	106.47
2017	558.78	428.72	130.06

二、资料来源与研究方法

（一）资料来源

本研究数据资料来源于"四川统计年鉴"。

（二）研究方法

根据四川省城镇职工医疗保险基金运行特点，初步分析数据发现基金收入和支出能够使用时间序列分析。时间序列指的是同一个体在不同时间点上的数据。美国学者博克斯(Box)和英国统计学者詹金斯(Jenkins)于1976年提出时间序列分析方法。这种建模方法的特点是不考虑其他解释变量的作用，而是根据变量本身的变化规律，利用外推机制描述时间序列的变化。其中 ARIMA 模型是应用最为广泛的一类时间序列分析模型，是由自回归模型 AR（p）与移动平均模型 MA（q）组合而成。自回归是指利用该变量的过去值来预测其未来值。一般来说，p 阶自回归模型 AR（P）可以记为：$y_t = \phi_1 y_{t-1} + \cdots + \phi_p y_{t-p} + u_t$。式中，$p$ 指滞后期，u_t 为白噪声，表示由 p 个滞后项的加权和以及白噪声构成。q 阶移动平均模型 MA（q）可以记为：$y_t = u_t + \theta_1 u_{t-1} + \theta_2 u_{t-2} + \cdots + \theta_q u_{t-q}$，其中 θ_1，θ_2，$\cdots$，θ_q 是回归参数，u_t 为白噪声过程。为了使模型更好地拟合数据，可以将 AR（p）和 MA（q）结合在一起，得到 ARMA（p，q），其中 p，q 分别表示自回归和移动平均的最大滞后阶段。模型记为：$y_t = \phi_1 y_{t-1} + \cdots + \phi_p y_{t-p} + u_t + \theta_1 u_{t-1} + \theta_2 u_{t-2} + \ldots + \theta_q \mu_{t-q}$。$p$ 和 q 取值的确定通过自相关函数、偏自相关函数和部分统计标志量来判断。在使用时间序列分析时，要求时间序列是平稳的。如果原始数据为非平稳数据，经过 d 阶差分后的数据为平稳序列，模型写作 ARIMA（p，d，q）。

（三）时间序列模型分析的步骤

ARIMA 方法建模共有四个步骤。第一步，序列平稳性处理。首先对数据进行图示分析，从图形上来观察是否为平稳序列，或者做单位根检验，观察统计量是否显著。如果为非平稳序列，可以首先进行对数变换，再来做单位根检验。如果还是非平稳序列，可以做多阶差分，直到平稳为止。第二步，模型参数识别。根据自相关函数和偏自相关函数来判断在相关阶数 p 和偏自相关阶数 q，以及差分阶数 d。第三步，估计模型参数并进行假设检验。通过 ARIMA 的拟合图观察拟合效果，观察假设检验的参数是否有统计学意义。第四步，预测。利用建立的模型对未来数据进行预测。采用 Eviews 7.2 来完成模型构建和预测。

三、结果

（一）城镇职工医保基金收入和基金支出的平稳性检验

四川省城镇职工医保基金收入和资金支出原序列均是非平稳序列（图6-2中a和b）。基金收入和基金支出大概在2009前后有个转折过程，在2009年之前，基金收入和基金支出增长都比较缓慢，2009年以后基金收入和基金支出增长都比较快速。特别是"新医改"相关政策效应，基金支出在2011年后增长特别迅速。经过二阶差分后，基金收入和基金支出序列都变成平稳序列（图6-2中c和d）。

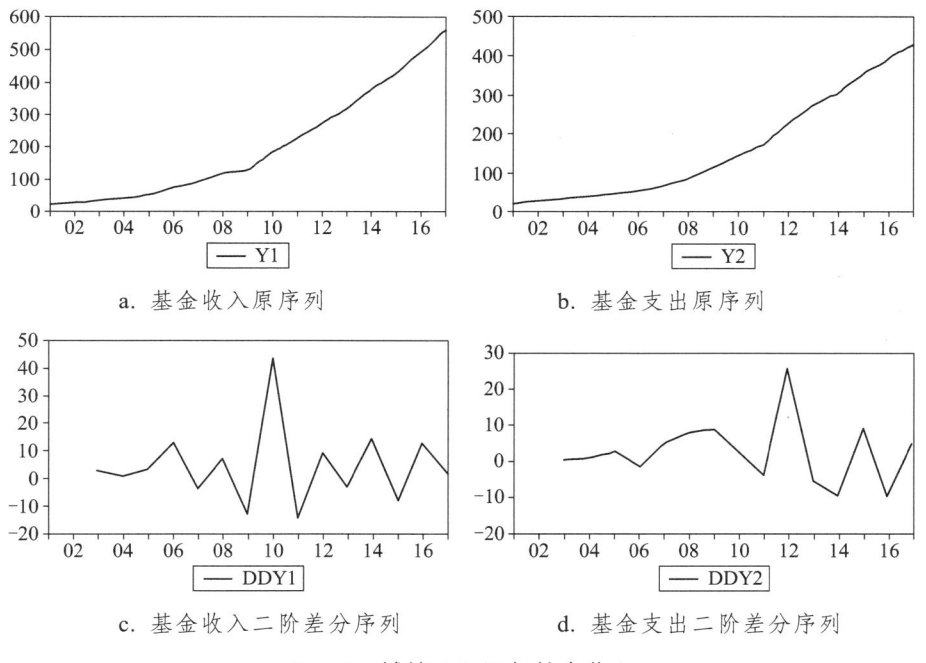

a. 基金收入原序列　　　　b. 基金支出原序列

c. 基金收入二阶差分序列　　d. 基金支出二阶差分序列

图6-2　城镇职工医保基金收支

（二）城镇职工医保基金收入自回归移动平均模型模拟

因为城镇职工医保基金收入二阶差分序列平稳，进一步查看它的相关图和偏相关图，见图6-3。

Autocorrelation	Partial Correlation		AC	PAC	Q-Stat	Prob
		1	-0.721	-0.721	9.4559	0.002
		2	0.414	-0.218	12.824	0.002
		3	-0.438	-0.505	16.898	0.001
		4	0.484	-0.112	22.329	0.000
		5	-0.375	-0.051	25.913	0.000
		6	0.228	-0.145	27.389	0.000
		7	-0.160	0.018	28.204	0.000
		8	0.103	-0.166	28.593	0.000
		9	-0.063	-0.117	28.760	0.001
		10	0.029	-0.128	28.802	0.001
		11	-0.001	-0.143	28.802	0.002
		12	-0.002	-0.043	28.803	0.004

图 6-3 基金收入二阶差分序列的相关图和偏相关图

根据相关图和偏相关图的形状判断考虑 AR（1）模型，模拟结果：

$$DDy_t = 4.1313 - 0.7225(DDy_{t-1} - 4.1313) + u_t \quad (6\text{-}1)$$

整理式（6-1）得到：

$$DDy_t = 7.1162 - 0.7225 DDy_{t-1} + u_t \quad (6\text{-}2)$$

均值和自回归系数都通过显著性检验，其 P 值均小于 0.05。系数 C 的值代表 AR（1）模型估计的序列二阶差分 DDy 的平均值，含义是这 17 年来平均每年医保基金收入增加值是 4.1313 亿元，与实际计算得到的值 3.9747 非常接近。代表回归效果的 $R^2 = 0.52$，因为经过差分后损失了一些信息，估计的时间序列模型的可决系数一般不可能很高。D.W 统计量是 2.29，与 2 接近，说明二阶差分序列 DDy 已经不再具有自相关性了。按 AIC 标准计算的统计量（7.69）值较小，表明对预测模型拟合得较好。特征根是 1/-0.72=-1.39，其绝对值大于 1，所以二阶差分序列 DDy_t 是一个稳定的序列（图 6-4）。AR（1）残差的 Q-Stat 值即 Q（12）=7.53，随机误差序列也达到了非自相关的要求（图 6-5）。

Variable	Coefficient	Std. Error	t-Statistic	Prob.
C	4.131342	1.646869	2.508604	0.0275
AR(1)	-0.722545	0.199840	-3.615626	0.0035

R-squared	0.521393	Mean dependent var		4.108571
Adjusted R-squared	0.481509	S.D. dependent var		14.74083
S.E. of regression	10.61433	Akaike info criterion		7.693851
Sum squared resid	1351.968	Schwarz criterion		7.785145
Log likelihood	-51.85695	F-statistic		13.07275
Durbin-Watson stat	2.290995	Prob(F-statistic)		0.003543

Inverted AR Roots	-.72

图 6-4 基金收入 AR(1) 模型的估计结果

Autocorrelation	Partial Correlation		AC	PAC	Q-Stat	Prob
		1	-0.160	-0.160	0.4405	
		2	-0.441	-0.478	4.0647	0.044
		3	-0.035	-0.287	4.0897	0.129
		4	0.316	0.023	6.3203	0.097
		5	-0.130	-0.221	6.7435	0.150
		6	-0.124	-0.088	7.1727	0.208
		7	0.043	-0.116	7.2330	0.300
		8	0.052	-0.163	7.3330	0.395
		9	-0.032	-0.092	7.3796	0.496
		10	-0.014	-0.122	7.3912	0.596
		11	0.043	-0.067	7.5284	0.675
		12	-0.005	-0.075	7.5309	0.755

图 6-5 基金收入 AR(1) 残差序列的相关图和偏相关图

(三) 城镇职工医保基金支出自回归移动平均模型模拟

同样的方法，再对城镇职工医保基金支出进行自回归移动平均模型模拟。根据基金支出二阶差分序列的相关图和偏相关图（图 6-6），经反复试验，最终确定了 MA(2) 模型，其模拟结果见图 6-7。模型的系数值 C 和移动平均模型 MA(2) 均通过了显著性检验。系数 C 的值代表 MA(2) 模型估计的基金支出二阶差分 DDy 的平均值，含义是这 17 年来平均每年医保基金支出增加值是 3.2184 亿元，实际计算得到的值 2.3887 也比较接近。代表回归效果的 $R^2 = 0.29$。按 AIC 标准计算的统计量（7.06），这个值较小，表明对预测模型拟合得较好。特征根是 1/0.94=1.06，其绝对值大于 1。MA（2）残差的 Q-Stat 值即 Q（12）=7.31，随机误差序列也达到了非自相关的要求（图 6-8）。综合来看，MA（2）模拟效果比 AR（1）略差，但总体效果还不错。

Autocorrelation	Partial Correlation		AC	PAC	Q-Stat	Prob
		1	-0.358	-0.358	2.3342	0.127
		2	-0.131	-0.297	2.6716	0.263
		3	0.353	0.234	5.3255	0.149
		4	-0.286	-0.117	7.2281	0.124
		5	0.073	0.034	7.3656	0.195
		6	-0.160	-0.359	8.0908	0.232
		7	-0.026	-0.099	8.1117	0.323
		8	-0.003	-0.255	8.1121	0.423
		9	-0.075	-0.012	8.3502	0.499
		10	0.086	-0.111	8.7269	0.558
		11	0.007	0.066	8.7298	0.647
		12	0.003	-0.131	8.7304	0.726

图 6-6　基金支出二阶差分序列的相关图和偏相关图

Variable	Coefficient	Std. Error	t-Statistic	Prob.
C	3.218390	0.923156	3.486292	0.0040
MA(2)	-0.884976	0.123888	-7.143347	0.0000
R-squared	0.293266	Mean dependent var		2.388667
Adjusted R-squared	0.238902	S.D. dependent var		8.938010
S.E. of regression	7.797603	Akaike info criterion		7.069076
Sum squared resid	790.4339	Schwarz criterion		7.163482
Log likelihood	-51.01807	F-statistic		5.394481
Durbin-Watson stat	2.824361	Prob(F-statistic)		0.037069
Inverted AR Roots	.94	-.94		

图 6-7　基金支出 MA（2）模拟结果

Autocorrelation	Partial Correlation		AC	PAC	Q-Stat	Prob
		1	-0.422	-0.422	3.2462	
		2	0.168	-0.012	3.8027	0.051
		3	0.112	0.218	4.0701	0.131
		4	-0.293	-0.214	6.0631	0.109
		5	0.058	-0.235	6.1500	0.188
		6	-0.173	-0.249	7.0000	0.221
		7	-0.009	-0.088	7.0025	0.321
		8	-0.048	-0.125	7.0849	0.420
		9	0.015	-0.092	7.0948	0.526
		10	0.060	-0.064	7.2777	0.608
		11	0.021	-0.032	7.3053	0.696
		12	0.007	-0.126	7.3094	0.774

图 6-8 基金支出 $MA(2)$ 残差序列相关图和偏相关

（四）城镇职工医保基金收入和支出预测

医保基金收入和支出的模型模拟效果比较理想，可以用于预测，其预测结果见表 6-3。继续按照原来的政策筹集基金和支出基金，截止到 2040 年，四川省城镇职工医疗保险基金收支能够实现可持续运行，不会发生失衡现象。学者高润国（2018）以 1995—2015 年全国城镇职工医疗保险基金收入和支出为样本范围，通过时间序列模型 ARIMA 和马尔可夫模型预测，只要维持现有政策不变，2016—2025 年城镇职工医保基金收支不会发生失衡风险。本研究结论与学者高润国（2018）以 1995—2015 年间全国城镇职工基本医疗保险基金收支数据为样本，研究未来基金收支平衡的预测结论基本一致。

表 6-3 2018—2040 年城镇职工医保基金年度收支结余预测（亿元）

年份	基金收入	基金支出	差额	年份	基金收入	基金支出	差额
2018	558.78	473.37	85.41	2030	1 710.95	1 260.18	450.76
2019	632.07	521.24	110.83	2031	1 833.81	1 346.67	487.14
2020	709.49	572.32	137.17	2032	1 960.81	1 436.38	524.44
2021	791.05	626.62	164.42	2033	2 091.94	1 529.30	562.64

续表

年份	基金收入	基金支出	差额	年份	基金收入	基金支出	差额
2022	876.73	684.15	192.59	2034	2 227.21	1 625.44	601.76
2023	966.55	744.89	221.66	2035	2 366.60	1 724.80	641.79
2024	1 060.50	808.84	251.65	2036	2 510.12	1 827.38	682.74
2025	1 158.58	876.02	282.55	2037	2 657.78	1 933.18	724.60
2026	1 260.79	946.42	314.37	2038	2 809.57	2 042.20	767.37
2027	1 367.13	1 020.03	347.10	2039	2 965.48	2 154.43	811.05
2028	1 477.60	1 096.86	380.74	2040	3 125.53	2 269.89	855.65
2029	1 592.21	1 176.91	415.30				

第七章　医疗费用不断上涨原因

近年来，我国卫生总费用不断上涨已经是一个众所周知的事实。根据卫生部官方公布的数据，我国卫生总费用从1980年的143.23亿元增加到2016年的46 344.88亿元，从绝对数上增加了三百多倍。卫生总费用占GDP的比重也从改革开放初期的3.15%几乎翻番到2016年的6.23%。长期以来，卫生费用（医保基金）上涨的原因激发了学者们极大的研究兴趣，产生了较多的研究成果。在吸收借鉴前人研究的基础上，本书认为医疗费用支出不断上涨的原因，总体上来自医保、医疗、医药即传统的"三医"、社会经济因素及患者本人因素五个方面。最后，笔者对医保基金上涨的原因做了实证分析。

第一节　医疗保险或可导致医疗费用上涨

一、医疗保险或可增加医疗费用

从筹资来源法角度讲，卫生总费用包括政府卫生支出、社会卫生支出和居民个人现金卫生支出。其中政府卫生支出包括医疗卫生服务支出、医疗保障支出、行政管理事务支出和人口与计划生育事务支出。按照新医改精神，要不断增加政府卫生支出和社会卫生支出比重，降低居民个人现金卫生支出比重。政府卫生支出比重在2016年增加到卫生总费用的30%左右（详见表7-1）。

表 7-1　卫生总费用、政府卫生支出及各项占比

年份	卫生总费用/亿元	政府卫生支出/亿元	政府卫生支出占卫生总费用/%	医疗保障支出占政府卫生支出/%	医疗卫生服务支出占政府卫生支出/%
1990	747.39	187.28	25.06	24	66
1992	1 096.86	228.61	20.84	25	63
1994	1 761.24	342.28	19.43	27	62
1996	2 709.42	461.61	17.04	29	59
1998	3 678.72	590.06	16.04	30	58
2000	4 586.63	709.52	15.47	30	57
2002	5 790.03	908.51	15.69	28	55
2004	7 590.29	1 293.58	17.04	29	53
2006	9 843.34	1 778.86	18.07	34	47
2008	14 535.4	3 593.94	24.73	44	39
2010	19 980.39	5 732.49	28.69	41	45
2012	28 119	8 431.98	29.99	45	42
2014	35 312.4	10 579.23	29.96	47	41
2016	46 344.88	13 910.31	30.01	47	42

政府卫生支出的绝大部分用在了医疗卫生服务和医疗保障两个方面，在 90 年代初，几乎占到政府卫生支出的 90%，在 2016 年占到政府卫生支出的 86% 左右。国家逐步加大保障水平，深化医药卫生体制改革，药品零加成等政策的实施，所以，我们看到了医疗保障支出和医疗卫生服务支出变化趋势刚好相反。医疗保障方面支出占政府卫生支出的比重不断增加，医疗卫生服务支出占政府卫生支出比重不断下降。

医疗保险基金的不断增加可导致医疗费用的增加。医疗费用的快速增长，一方面是由于老龄化、消费水平提高、医疗技术水平进步等因素导致的医疗费用的自然合理增长；另一方面，医疗保险使医疗服务价格相对下降，人们医疗需求得到一定的释放，原本看不起病的人们开始利用医疗资源。同时，随着保障水平以及居民收入水平的提升，部分医疗服务需求者存在过度利用医疗资源的倾向，从而出现道德风险问题导致医疗费用不合理增长。学者谢明明等（2016）选取我国 12 省（市）2003—2012 年面板数据，采用面板固定效应模型和面板门槛模型考察了医疗

保险对不同收入人群医疗费用的影响差异性，研究结果表明：医疗保险整体上对医疗费用具有促进作用，但是对于不同收入的人群医疗保险的促进作用具有差异性。当收入处于低水平和中高水平时，医疗保险对医疗费用没有显著促进作用；当收入处于中等水平和高水平时，医疗保险显著促进医疗费用的增长。

二、现有医疗保险管理模式或可导致医疗费用上涨

医疗保险机构筹措经费有限，主要通过定额缴费、政府定额补助的方式筹资，整体统筹层次不高，基金抵抗风险能力较弱，不同医保基金运行管理政策不一，各地政府财政补助力度不同，致使基金收支不平衡、风险控制能力弱等问题日益凸显。医保管理部门"以收定支、量入为出、略有结余"的定额管理模式，即每月对医保基金限额予以兑现，医疗机构诊疗超支部分医保经费不予拨付，未达到限额标准的据实进行结算，而受气候环境、流行病学等因素影响，病人就诊率存在高低峰，致使医疗机构每年都有垫付医疗费用不能全额收回的情况，变相导致医疗机构通过提高医疗费用来增加收入。

三、现有医疗保险结算模式或可导致医疗费用上涨

医疗保险结算方式改革对控制医疗保险费用成败起着决定性作用。目前，我国多数地区实行按服务项目付费的结算方式。按服务项目付费指医疗保险机构根据医疗机构上报的医疗服务项目和服务数量向医疗机构支付费用，它属于事后付费。这种付费方式操作简便，但缺乏对医疗机构和患者的费用控制机制，过度医疗和诱导服务需求时有发生。主要包括城镇职工、城乡居民的基本医疗保险制度，顶层设计的碎片化，带来管理机构的多头化，直接增加信息整合共享和监督的难度。今后要逐步探索在实施医保基金总额预算管理的基础上，采取按病种、项目、单元、人头付费等相结合的复合式付费方式，健全优化协商谈判机制，形成合理的"打包价"，既体现"有多少钱办多少事"的原则，又充分发挥

医保控制医疗费用不合理增长的基础性调节作用。

四、适当借鉴别国医疗保险管理模式或可降低医疗费用

可借鉴德国、荷兰等国的经验,组建专业的医疗保险基金监督机构,该机构独立于政府存在。专业的医疗保险基金监督机构主要监督目标为:首先,确保基金合法规范运行。主要包括纠正医保机构的不规范管理、支付以及偿付行为。其次,确保基金安全、服务可信。包括监督医保基金支付能力的稳定性和医疗机构服务的可信度。再次,确保基金运行效率。主要包括医保机构的管理效率和医疗机构的服务效率。为此,需要设置多元化的医保机构,人们可根据自己的需要自由选择参保机构。同时,医疗卫生行业需进一步放开进入门槛,在接受专业医保基金监督机构监督的前提下允许民资进入,并在报销资格上与国资医疗机构享受同等待遇。参保人员可自由选择国资或民资医疗机构而不影响费用的报销。有了专业的监督机构进入后,医疗机构与医药企业之间的利益问题也顺带解决。专业医保监督机构、医保机构、医疗机构及患者之间的关系详见图 7-1。

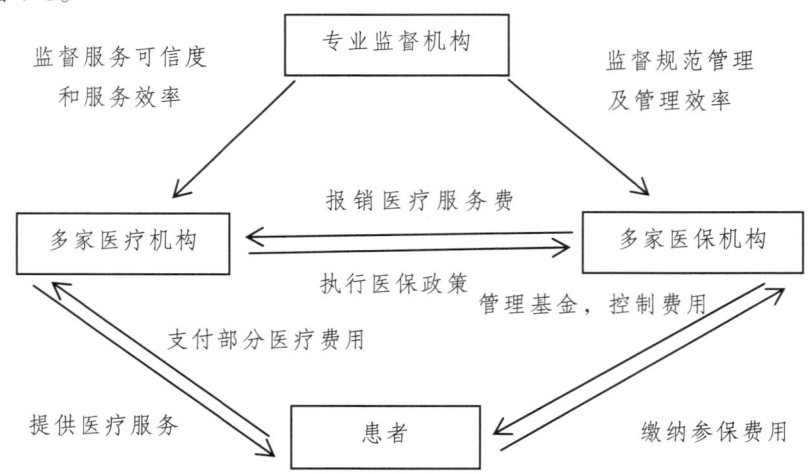

图 7-1 专业监督机构、医疗机构、医保机构及患者关系

第二节 医疗机构及医疗服务或可助推医疗费用不断上涨

一、卫生服务需求的特点导致诱导卫生需求的发生

（一）卫生服务需求的特点

卫生服务需求与一般商品服务需求相比较，显示了不同的特点。

1. 卫生服务需求的盲目性

卫生服务需求的盲目性指需求者不可能在需求之前进行比较后做出自主的选择。这是由消费者对医疗知识不了解或了解较少所决定的。

在一般的商品市场上，消费者的购买行为常带有倾向性，消费者在购买商品前，已根据自己的偏好，对所购买商品的类型、数量、价格做出估算，货比三家后才做出购买的选择。然而，医疗是专业性很强的领域，由于消费者对医疗知识的无知或知之甚少，往往不能对自身的医疗是否必要以及医疗质量和数量进行事先判断，也无法判断医院所提供的医疗过程是否合适。此外，需求者对卫生服务的价格也缺乏了解，人们患病求医并不能像到商店购买商品，在有效需求发生前就有一个明确的目标，不可能货比三家，更多的时候是在不知道价格的情况下接受服务行为。卫生服务需求常在盲目状态下发生。

2. 卫生服务需求的被动性

卫生服务需求的被动性指医生与患者在地位上并不平等，患者总是处于被动状态。这不仅与消费者无知有关，还受疾病发生的迫切性、随机性的影响。

在一般的消费品市场上，消费者购买某种商品，即对生产该商品的厂家投了赞成票；商品消费者减少对这种商品的购买，就等于对厂家投了反对票。消费者对社会所生产商品的类型、数量和质量起到决定性作用。但在卫生服务市场上，常呈现出另一种状态。比如，卫生服务中的

医疗需求，可以由个人的自我判断而产生（如病人感到不舒服而就医），也可以因医生的判断而引起（如医生在诊疗中建议病人做某种治疗）。这就是说，个人判断与医生判断共同形成医疗需求。但由于外行患者的判断与专家的判断之间在医疗的质和量方面都存在着很大的差距，在其他任何一个领域，虽然也存在专家与外行之间在知识方面的差别，专家在某种程度上具有主导权；然而在医疗领域，作为专家的医生和外行（患者）之间的医疗知识悬殊极大，医生具有绝对的支配权。再加上人们并不能预测疾病发生的时间、地点，一旦疾病发生就要紧急求医，这是生与死之间的选择，而不是一般商品中满意度的选择，其选择余地是极其有限的。从这种意义上来说，在卫生服务的需求者和供给者之间不存在平等的讨价还价的成交关系。因此，在医疗中占有很大比重的有效需求是由医生决定的，消费者常在被动状态下实现有效医疗需求。

（二）医疗服务市场诱导需求时有发生

国外的学者对供方诱导需求问题进行了为数众多的理论以及实证方面的研究，证明了供方诱导需求确实是存在的以及医生对患者具有诱导需求的能力。谢兰德·罗默（Shainand Roemer）(1959) 正式开启了有关于供方诱导需求的研究，他们对每千人病床数量与每千人住院天数之间存在的关系进行了探究，其研究结果表明每千人病床数量越多，每千人住院天数也就越多。罗默就此认为"医院只要有病床空余出来，那么就一定会有人来使用这些病床"，此后的学者将这种现象称之为罗默法则。随后，有众多的学者对医疗供方诱导需求进行了更为深入的研究。

下面的几位外国学者针对医生具有诱导患者的医疗服务需求的能力及其可能性开展了理论研究。阿罗（Arrow）(1963) 率先开始对美国医疗保险市场上存在着的不完备性进行了广泛的研究，他的研究结果表明在医疗保险市场当中存在着市场失灵。他就此指出，每一位患者都存在着个体的差异，但是医生所拥有的医学知识使其能够充分了解患者此时的身体情况，加上医生与患者之间的信息不对称就可能导致医生为了能够获得自身经济利益的最大化而做出不利于患者的举动。所以，他认为医生完全具备对患者采取诱导需求行为的能力以及条件。

埃文斯（Evans）（1974）提出了医生效用最大化理论，他指出医生真正想要获取的是自身效用最大化，而不仅仅是使他们的工资收入最大化，因此医生对患者的诱导需求力度完全是由医生自身的效用来决定的。医生的效用函数同时受他们所能获得的净收入以及他们对患者的诱导需求力度的影响。在医生与患者存在信息不对称的情况下，如果医生向患者提供某种检查或是手术的话，不具有充分信息的患者不能判断自己是否确实需要这个医疗项目，更加无法判断这个医疗项目的收费是否合理，但是往往患者最终还是会选择接受医生的建议，这表明医生具有为了追求自身效用最大化而对患者进行诱导需求的倾向和可能。

斯蒂诺（Stano）（1987）从医生利润最大化的角度出发对医疗供方诱导需求的出现进行了分析，他将医生视作一家以营利为目的的企业，医生将会利用自身拥有的影响力去获取利益的最大化。他认为医生对患者的诱导需求行为其实就好比是商品的促销手段，医生通过采取这种促销手段来获取更多的经济收入，但是与此同时他们还要考虑这一手段所导致的声誉受损以及时间等其他的成本。格里顿和索瑞森（Grytten and Sorensen）（2001）对医疗供方诱导需求产生的可能性进行了探究，根据委托代理理论，他们指出当医生成为患者的代理人时，与医生相比患者所拥有的医学专业知识相对比较匮乏，这使医生能够对患者的诊断种类、治疗方法及次数产生影响。

在借鉴国外学者众多研究的基础上，国内学者结合我国医疗服务行业的实际情况，对供方诱导需求的产生原因进行了分析。第一，医疗服务市场当中的信息不对称导致了医疗供方诱导需求的发生。第二，我国当前的医疗保险费用支付制度是引起医疗供方诱导需求的另外一个原因。第三，我国医疗服务的价格补偿机制以及医生的利益激励机制均促进了供方诱导需求风险的扩散。

二、医疗技术的更新增加了医疗费用

最初产生的人类医疗活动，主要表现为医生与病人之间的个体交往。现代医学的发展，使医学问题逐渐成为关系到人类发展的社会问题。医生的社会道德责任显得更为重要。然而，卫生服务供给的不确定性促进了检查和治疗技术的革新，近代科学技术的进步和创新为药品、医疗器械、医用材料的更新换代创造了条件。供方有可能在追求先进的技术设备中淡化其应该承担的社会道德责任。比如，对一个拍摄 X 射线片就能解决的病例，医生不应该使用费用昂贵的 CT 检查，从而为社会承担了合理利用卫生资源的道德责任。如果给医务人员下达经济指标，医务人员就会忽略道德责任而选择使用 CT 检查。

卫生服务供给中技术与成本的正相关性决定了卫生服务技术水平越高，医疗费用也越高。同时，卫生服务供给的导向性，又决定了其供给量的多少由医生决定，很容易使供给超过实际需要。如果生产费用由第三者来补偿，更会刺激滥用供给，即出现所谓的乱诊乱疗，过度提供医疗设施和医疗手段，拉动卫生费用上升。

卫生费用急剧上升是世界性难题，发达国家对此也常表现得无能为力。我国是发展中国家，经济实力有限，且我国的医疗保障制度本身已孕育着过多供给的危险，如果还拼命追求卫生服务的高、精、尖，卫生费用上升问题就会使卫生事业发展陷入无法摆脱的困境。

三、过度依赖医疗收入的医院经营模式增加了医疗费用

从 2009—2016 年的《中国卫生统计年鉴》可知，每所医院的总收入中，医疗收入平均占比高达 89.6%，而政府财政补助收入从 8.14% 下降到 7.94%。比较 2016 年各个等级的医院总收入结构可以发现，医疗收入所占比重三级医院（91.1%）高于二级医院（88.5%）和一级医院（82.2%），财政补助收入所占比重三级医院（6.4%）低于二级医院（9.5%）和一级医院（14.1%）。医院级别越高，对医疗收入的依赖度越强。在现行的医保支付制度下，医疗收入直接带来医疗保险基金的增加。正如 2015 年 10 月国家卫计委等 5 部门联合下发的《关于控制公立医院医疗费用不合理增长的若干意见》中指出的，"医疗费用不合理增长突出表现在部分城市公立医院医疗费用总量增幅较快，药品收入占比较大，大型医用设备检查治疗和医用耗材的收入占比增加较快，不合理就医等导致的医疗服务

总量增加较快等"。

长期以来医务人员技术和劳务价值价格偏低，而药品、辅检等的价格明显偏高，造成医疗服务必须通过与药品、辅检相绑架的模式来进行价值体现，在一定程度上导致"药价虚高"问题的产生，最终传导到患者，增加疾病经济负担，导致医疗保险费用上升。

四、医疗机构生存环境导致医疗费用上升

市场机制下患者诊疗服务需求的提升、政府投入的不足和医疗机构间的竞争给医院发展带来巨大压力，医院为谋求生存发展，公益性淡化而趋利性增加的问题日益凸显，在一定程度上导致医疗费用的增长。伴随着患者文化水平的提升，患者的维权意识日益增强，"医闹"等医疗纠纷时有发生。随着医疗纠纷的增加，部分医务人员为有效规避医疗风险，存在为病人选择大而全的检查，选择特效药、高价药的现象，进一步加大医疗费用支出的同时，加重了医保资金的负担。

第三节 医药生产流通环节导致药品价格上涨

药品到达患者手中先后要经历药品的研发—申请批号—生产—销售—患者手中的整个过程。药品的生产和流通主要由企业完成，政府负责监督。企业的生产也好、营销流通也好，获得一定的利润是正当追求。医药企业在这个过程中常常有很多的涨价理由，有的是属于生产成本的上涨带来正常的涨价，如药品原材料价格上涨、店面房租水电上涨、人工成本的上涨等，而有的纯属于追求暴利、受利益的驱使带来药价的暴涨，如药企改换包装、改变剂量等都会涨价，相关新闻屡见报端。

一、药品涨价的原因简析

1. 制药企业改换包装后涨价

目前市场上存在一个普遍现象，一些药品更换名称和包装后，价格

便从几元变成几十元。例如，对冠心病、心绞痛等患者而言，价格低、见效快的硝酸甘油是关键时刻的急救药。可不少患者发现，常备的"救命药"不仅价格涨了好几倍，一些药店还断货了。从过去的 100 片 16 元，到如今的 15 片 25.7 元，硝酸甘油每片涨价近 11 倍。药企称，包装换新后，过去的生产线用不了了，改为手工包装，成本和工时都增加了。又如，西地兰从过去的几元钱一支涨到现在 90 多元了，碘解磷定注射液从曾经的 8 元/支涨到 100 元/支，各种普药、低价药都涨价了，鲁米那都 20 多元一支了。在廉价常用药消失的同时，一些临床常用药涨价迅猛。碘解磷定注射液是农药中毒的解毒药，在西部某县，该药原进货价为 13.2 元/盒，现进货价涨至 720 元/盒，现价是原价的 54.5 倍；治疗破伤风的破伤风抗毒素，每盒价格从 36 元涨到 76.5 元；妇产科常用药缩宫素注射液原进货价 26 元/盒，现在货价 40 元/盒。

药还是原来的药，只是更换了包装，其价格便一路狂飙，而且还经常断货，这样的现象令人难以接受。诚然，更换包装有其必要性与合理性，硝酸甘油开瓶后有效期较短，患者一次吃不完容易造成浪费，改为 15 片小包装即可有效避免浪费，但换装后价格上涨幅度之大令人疑虑重重。

对于一家占据全国 70%市场的药企来说，成本和工时增加导致药品价格狂涨的说法，不足以服众。其中有没有利益因素驱使、垄断因素作祟，也值得追问。从常识常理讲，药企卖的是药品，而不是包装，仅仅因更换包装就导致药品涨价近 11 倍，难免有借机涨价、牟取暴利之嫌。在技术迅猛发展的今天，包装成本怎可能如此高居不下？"救命药"价格狂涨，真的是正常市场化行为吗？

2. 断货带来供不应求加剧药价上涨

一些常备药、疗效明确的药品时常出现短缺断货。廉价常用药在基层医疗机构和群众中颇有口碑，近年来却呈消失之势。西部一家乡镇卫生院院长对半月谈记者反映[①]，作为心衰急救临床常用药，西地兰不贵又实用。现在，这种药消失了，给有关部门多次打报告，却一直采购不到，

[①] 资料来源：半月谈网 http://www.banyuetan.org/jrt/detail/20190321/1000200033134991553131636495354393_1.html

心衰病人送来都不知道怎么办。无独有偶，在中越边境某乡，由于柴胡注射液缺货，卫生院有时只能"借药应急"。华南大瑶山腹地某卫生院院长反映，对于高血压病人，硝苯地平缓释片一盒仅几元钱，效果好又便宜，很受山区群众欢迎，但医院就是采购不到药。又如治疗腰痛的复方氯唑沙宗胶囊、治疗痛风的别嘌醇胶囊、治疗糖尿病的胰岛素注射液、用于外伤止血的云南白药粉等，在不少基层医疗机构或短缺，或断货。

一些便宜常用药越生产越亏本。目前，短缺的廉价常用药大都是治疗妇儿专科、急救、慢性病的药品。这几类药品的生产扶持政策不完善，致使企业利润空间得不到有效保障。一些药品越生产越亏本，企业积极性不高。药品配送企业是保障基层用药的重要一环，但由于基层药品利润低，药品配送企业往往"择贵而送"或者不配送。近年来，随着原材料价格上涨，一些药品价格出现倒挂（成本价高于中标价），药企将部分药品停产，直接导致这些药品供给量减少，如果遇到需求不降或上升，价格上涨是必然结果。

3. 导致药价上涨的其他原因

目前药价上涨可以归因为三点：一是药品批发价上涨，二是药店的房租上涨，三是药店人力成本上升。以北京为例，一家面积为 60~70 平方米的药店，年租金大概为 20 万~30 万元，雇佣 4~5 个店员，年工资支出大概为 20 多万元，加上日常的运维费用，年均成本在 50 万~60 万元之间。如果一个药店的年销售额为 100 多万元，这意味着药店进货价只能小于等于销售额的 50%才会有利润空间。为了获取更高利润，药店往往会选择售卖一些更有利润空间的药物。对于品类相同的药品，可能会更换不同厂家的药品进行销售；或者下架原有的药品，换新包装以后重新销售，以保障药店的盈利空间。

医药行业市场分为体制内市场和体制外市场。由政府统一招标采购的体制内市场主要包括全国 1.2 万家公立医院，3.5 万个社区卫生服务中心和 3.7 万个乡镇卫生院，这部分的药品消耗占整个药品市场的比例超过七成。与体制内市场深受政策影响不同，在由药店、民营医院、私人诊所、村卫生室组成的体制外市场，大多数时候降药价的政策并不能产生明显的价格引导作用。

其中,药品批发价格上涨是综合因素导致的。上游的原料药垄断造成的成本上涨是一个重要原因,这其中既有环保监管趋严、中小型原料药企业关停的因素,也与一些原料药企业滥用市场支配地位拉高价格有关。此外,也有一些业内人士指出,随着原材料价格上涨、质量监管日趋严格,一些药品的生产成本被推高,而市场需求一度饱和,相应企业对这类产品的生产积极性不高,导致一些药品因供给量不足而成为"孤儿药"。例如鱼精蛋白等药品,因为以往的价格过低,厂家没有动力持续生产,之后能生产的厂家就越来越少,导致这类"孤儿药"在供给被垄断后,价格出现报复性反弹。

二、多措并举确保生产降药价

1. 政府加强对药企的监管

在"救命药"问题上,药企要么因价格低、利润薄而停产,要么更换包装药价暴涨,最终导致价格狂飙和"一药难求"现象周期性上演,让患者家庭雪上加霜。目前,大部分药品政府定价已取消,药企及药店可根据市场变化调节生产和销售,但市场"无形之手"有失灵的时候,特别是当关系百姓切身利益的药品价格上涨过快时,政府的"有形之手"不能缺位。

建立完善的廉价药国家保障制度是治本之策,也是业内共识。对临床必需、不可替代的药品,国家应建立储备保障制度,由专门机构及专人负责该类药品的采购、储备及调拨,同时形成一套补偿和激励机制,让药企有合理利润。在确保廉价药正常生产的前提下,开辟廉价药专供渠道,确保廉价药重回市场。此外,对各种乱涨价行为,监管部门不能坐视不管。

2017年11月,针对媒体报道的"白血病患儿遭遇廉价国产药短缺,进口药一瓶超千元"现象,李克强总理曾批示:"白血病患儿缺药将使这些家庭雪上加霜,要将心比心,高度重视所反映问题,抓紧采取有效措施,特事特办,切实加大国产廉价药生产供应保障力度,切实缓解患儿家庭的'用药之痛'。"

2. 政府给予药企适当的财政补贴

无论是制药企业还是药品经营流通企业，必须保证正常的利润才能持续经营下去。原材料价格、人工成本、经销成本、物流成本等都提高了，药物的成本自然会水涨船高，如果没有利润空间，药企就缺乏生产廉价特效药的动力，导致药品短缺，价格上涨。药企一方面面临药品原料药价格上涨，在目前的医院经营模式下，药企很有可能还将遭遇医院不开具廉价药的结局。因为廉价药的利润空间比较小，生产成本增高，缺乏足够数量的买家，在利润导向下，药企自然就会停止生产，廉价药断货在所难免。所以，要想廉价药的生产厂家、经营企业继续生产经营廉价药，利润只能依靠政府来补贴。

国家的朝阳产业、政策扶植产业常常在初期发展阶段获得政府的财政补贴。作为关系百姓健康的药企，提供的关系老百姓生命健康的药品生产及服务，在经营遇到困难时理所应该得到政府的财政补贴。如华北制药 2018 年收到石家庄市就业服务中心拨付的补助资金 7 295.95 万元，公司及下属子公司 2018 年共计收到政府补助资金 7 373.07 万元，均与收益相关。华海制药公司 2018 年收到临海市财政局下发的政府补助资金 1 800 万元，补助预计将会影响公司当期损益 1 800 万元。太龙药业公司 2018 年收到补助约 107 万元，补助包含燃煤锅炉拆除奖补资金 30 万，剩下的基本与收益和日常活动相关。康辰药业公司及公司子公司 2018 年累计收到与收益相关的政府补助人民币近 4 797 万元，占公司近一个会计年度经审计净利润的 10.02%。紫鑫药业公司子公司吉林紫鑫参工堂生物科技在 2018 年收到资金补助 1 014 万元。以后这种补助力度或许还会增加。

3. 扩大对外开放加强药企竞争

市场缺乏降药价的动力，没有企业愿意把东西便宜卖，只有通过竞争才能实现降价。可以通过增加竞争主体的多样性推进药价的良性发展，国家医保局可以对药品进行全球化采购。当前国内药品的采购很大程度上局限于国内上市的药品，很少着眼于国际市场。药品市场主体的多元化也意味着药品审评审批机制需要进一步完善。一方面可以通过严格的条件筛选符合标准的国外药品进入中国市场，另一方面也要缩短药品审评审批的流程和时间，让国外高质低价的药品快速进入中国市场。

4. 加快原料药从审批制到备案制的转变

针对一些原料药垄断的问题，原料药从审批制到备案制的转变迫在眉睫。原料药价格暴涨的背后原因是，一些原料药的生产批文被部分企业垄断。要从根本上解决这个问题，既要加大对原料药垄断的打击力度，也要完善原料药的关联审批制度。2017年12月初，《原料药、药用辅料及药包材与药品制剂共同审评审批管理办法（征求意见稿）》发布，将推行原料药、药用辅料关联审批，今后原料药不再单独发批准文号，药品制剂企业可以自行寻找原料药企业供货，只要质量符合标准，就可以申请关联审批。药品上市许可持有人对生产制剂所选用的原料药、药用辅料和包装材料的质量负责。在原料药垄断现象较为严重的当下，原料药备案制，原料药、药用辅料关联审批等制度显得尤为重要。

第四节　社会经济因素导致医疗费用上升

一、政府财政投入供给与民众卫生健康服务需求不对称

随着社会发展，政府对医疗机构的投入逐年加大，然而随着民众对美好健康生活的需求提升、医疗成本支出的逐年加大，取消药品加成、医保控费、公立医院养老保险参保等政策的实施，政府投入与医疗服务需求仍存在供给不对称的问题。加之受财政对医疗机构长效投入机制不完善、地方财政财力薄弱、配套保障政策难落实、财政长期债务化解支持政策不明朗等因素影响，迫使医疗机构必须通过市场筹资来维持自身的运行发展，致使医疗费用过快增长。

二、老人卫生服务需求迅速上升

随着社会的进步，人类的预期寿命不断延长。中国有句古话叫"人

到 70 古来稀"，可现在中国的人均寿命早已超过 70 岁。同时，经济环境的宽松淡薄了人们传宗接代的观念，人口出生率呈下降的趋势。期望寿命值上升与人口出生率下降的必然结果是老年人占总人口的比重上升，按国际惯例，当一个国家或地区 60 岁以上老年人口占人口总数的 10%，或 65 岁以上老年人口占人口总数的 7%，即意味着这个国家或地区处于老龄化社会。我国北京、上海等城市已率先进入老龄化城市，这是社会学向医学提出的新挑战。

与国外人口老龄化进程相比较，我国人口老龄化的进程称得上"来势汹汹、迅猛异常"。有关资料显示，按 60 岁以上老人占人口比重从 9% 上升到 18% 计，最早进入老龄化的法国用了 140 年，老龄化程度最高的瑞典用了 85 年，而上海仅仅用了 30 年。研究表明，21 世纪上半叶人口迅速增长，60 岁以上人口将从 2000 年的大约 6 亿增加到 2050 年的将近 20 亿，60 岁以上人口占比由 10% 增加至 21%。发展中国家的人口老龄化也呈现出日益加速的趋势。我国人口老龄化呈快速发展趋势，截止到 2014 年底，我国 60 岁及以上人口为 2.12 亿，占总人口的 15.5%，其中 65 岁及以上人口为 1.37 亿，占总人口的 10.1%。到 2020 年我国 65 岁及以上人口占比为 11.53%。人口老龄化必定带来诸多问题，我国的人口老龄化还呈现出高龄化、空巢化、失能率高、慢性病罹患率高的特征，随之出现的巨大的卫生服务需求是最为突出的问题之一。

全国老龄化委员会的专家把我国人口老龄化发展趋势分为三个阶段：第一个阶段，从 2001 年到 2020 年是快速老龄化阶段。这一阶段，中国将平均每年增加 596 万老年人口，年均增长速度达到 3.28%，到 2020 年，老年人口将达到 2.48 亿，老龄化水平将达到 17.17%。第二个阶段，从 2021 年到 2050 年是加速老龄化阶段。伴随着 20 世纪 60 年代到 70 年代中期中华人民共和国成立后第二次生育高峰人群进入老年，中国老年人口数量开始加速增长，平均每年增加 620 万人。同时，由于总人口逐渐实现零增长并开始负增长，人口老龄化将进一步加速，到 2050 年，老年人口总量将超过 4 亿，老龄化水平推进到 30% 以上。第三个阶段，从 2051 年到 2100 年是稳定的重度老龄化阶段。2051 年，中国老年人口规模将达到峰值 4.37 亿。这一阶段，老年人口规模将稳定在 3 亿～4 亿，老龄化水平基本稳定在31%左右,进入一个高度老龄化的平台期,老人多、病也多,特别是心血管、脑血栓等老人病的发病率肯定上升,而且,老人患病后治愈期和康复期都会延长,老人卫生服务需求迅速上升的趋势不可逆转。

三、病种结构发生变化增加卫生服务需求

病种结构与社会发展相关联,随着社会的进步,生物因素引起的疾病比重逐渐下降,社会、心理因素、药品所致疾病比重呈上升趋势。

19世纪后,生物、化学、物理学等自然科学的发展,以及显微镜的问世,产生了寄生虫学、微生物学、病理学和有机化学等学科,形成了生物医学模式(即疾病是由生物化学和物理因素所引起)。任何病都有生物学证据,即某一脏器或系统可检出组织形态上、生理上的变化,除局部病变外,其他部位无病。此时,急性传染病死亡率居死亡率的首位。

20世纪后半叶开始,由于科学技术的进步,社会经济迅速发展,病种结构发生了很大的变化。首先,生态环境失衡,造成呼吸系统的疾病。如工业发展产生大量废气、废水;交通发达,机动车越来越多,其排放的废气骤增;高楼大厦越盖越密,使污浊的空气难以消散;城市人口增加带来垃圾废物倍增,如不能及时清运和处理,也会造成公害。其次,人体内环境紊乱,引起心因性疾病。随着社会经济的发展,社会竞争越来越激烈,人们的学习、工作负担在不断加重,人们的生活节奏加快,人际交往频繁,这都会加重社会成员的心理负荷。有些人不能适应变化了的环境,就会精神紧张、食欲不振、睡不安稳,以至精力不足、自信心下降等。这些心理反应会导致生理变化从而诱发肿瘤、高血压、冠心病、消化性溃疡等心因性疾病。

这就是说,在现代社会,除了生物体可以引致疾病外,更多的是由于外部环境给人体以恶性刺激,使人们产生心理变化。如果这种心理变化使大脑皮层失调,就会出现神经、内分泌、免疫系统功能障碍,导致心身疾病。生物医学模式就演变为社会—心理—生物医学模式。

另外,随着医药工业的发展,抗生素被广泛使用并不断更新换代,

感染疾病容易被控制。但是临床上大剂量、多品种抗生素的使用，不仅没有减少疾病的发生，反而使医源、药源性疾病不断增加，神经毒性、肝、肾、造血功能损害时有发生。

上述种种原因使病种结构发生了巨大的变化。从疾病谱的变化来看，与社会、心理因素相关的疾病发病率和死亡率已明显上升，慢性非传染性疾病已成为威胁人类健康的元凶。资料显示，慢性病致死的比重占到我国每年死亡总人口的85%，慢性病所占比重为日常医疗支出的70%左右。这些年来，我国也在加大慢性病的防控力度，采取了一些积极的措施。但由于有些地区经济落后、居民健康意识差等，我国慢性病防控工作仍然任重道远。

第五节 患者本人就医习惯导致医疗费用上升

一、分级诊疗就诊制度实施效果不甚理想导致医疗费用上升

我国自建立"小病进社区，大病进医院，康复回社区"的双向转诊制度以来，"看病难、看病贵"的民生问题得到了较大程度的缓解，在一定程度上减轻了慢性病患者的经济负担。但尽管我国双向转诊发展趋势良好、转诊量和基层医疗服务量不断提升，总体上患者偏向选择到大医院就诊的基本现象仍然没有彻底扭转，在需要进行双向转诊时，"转诊不通畅、上转容易下转难、单向转诊"的现象在慢性病患者就诊过程中仍然非常突出。这不但会增加社会以及患者自身的经济负担，增加医疗费用，更会让基层医疗机构的医疗资源闲置甚至浪费。目前大医院门庭若市一号难求，而基层医疗机构却门可罗雀，卫生资源闲置的现状还随处可见，主要原因还是基层医疗机构无论是在卫生技术人才还是医疗设备方面都远远落后于医院。对卫生技术人才的吸引就是一大明证。《中国卫生统计年鉴》显示，2010—2016年间，基层医疗卫生机构卫生技术人才拥有量增长率为11.68%，这一数据在医院是28.69%。如再详细分析人员

的学历和职称结构，基层医疗机构与医院更是相距甚远。从医疗设施讲，2016 年全国医院拥有的床位数和万元以上设备台数分别是基层医疗卫生机构的 3.4 和 6.5 倍。同期，基层医疗机构入院人数占全国入院人数的比重由 27.86% 下降到 22.38%，医院的这一比例维持在 67% 左右。

众所周知，同样病种，高级别医院费用肯定高于基层医疗机构。蓝英（2017）实证分析发现，西部某市糖尿病患者住院费用在医院级别之间的差异具有显著的统计学意义，三级医院住院费用明显高于二级和一级医院。当前应该以分级诊疗为契机，大力加强基层医疗机构建设。引进高级卫生技术人才，购置必备的检查仪器设备，再配合医保报销支付的经济杠杆，让患者安心在基层医疗机构就诊。今后国家应严格控制医院的投资，适当向基层医疗机构倾斜。随着国家的发展和人民收入的增长，不管身处何处的居民都有享受优质医疗服务的权利。只有基层医疗机构硬软件资源配备改进了，服务质量提升了，患者才愿意主动在基层医疗机构就诊，分级诊疗制度才能真正落实。

原国务院副总理刘延东 2017 年 8 月 15 日在《求是》刊文说："目前，我国卫生与健康领域资源供给不足，配置结构仍然失衡，优质资源大都集中在大城市大医院，不少中高端医疗器械、高值医用耗材以及药品严重依赖进口。"刘延东在文章中说，解决这些问题，必须创新体制机制，正确处理好政府和市场的关系，大力推进卫生与健康领域的供给侧结构性改革，用改革的办法推进结构调整，增强创新能力，同时适当引入市场竞争机制，提高健康供给需求变化的适应性和灵活性，为人民群众提供更高质量、更加普惠、更有效率的健康服务。

二、患者重治轻防的生活就医习惯导致医疗费用上升

预防为主，长期以来都是我国的卫生工作方针之一。但是，由于缺乏有力的制度保障，这一方针沦为一句口号。前卫生部新闻发言人、卫生部办公厅副主任毛群安曾经指出，"我国一个人一生中在健康方面的投入，60%~80% 花在临死前一个月的治疗上。"[①] 随着人们生活条件的改善，

---

① 任珊珊. 一生八成健康投入花在临死前一个月. 广州日报，2008-11-25.

老百姓也知道预防对保持身体健康的重要性。但由于医学的专业性极强，多数人并不知道怎样预防。全科医生制度就是一个很好的突破口。全科医生是离居民最近的医生，也是最了解居民健康状况的人，是居民健康的"守门人"。各地政府要尽快努力创造条件，以国发〔2011〕23号文件《国务院关于建立全科医生制度的指导意见》为原则，为城乡居民配备必要的全科医生。

此外，进一步认真贯彻落实国家中医药管理局牵头在全国实施"治未病"健康工程，加强中医特色的预防体系建设。"治未病"思想源自《黄帝内经》。唐代医学家孙思邈提出"上医医未病之病，中医医欲病之病，下医医已病之病"，将疾病分为"未病""欲病""已病"三个层次。可见古人对于"治未病"思想之重视。白剑峰（2013）曾经指出，"医生与其在下游打捞落水者，不如到上游筑牢堤坝，让河水不再泛滥"，体现的就是"治未病"思想。当前，首先要继续加大宣传力度，让老百姓尽快转变健康观念，更加注重防病和"治未病"。对个人来说，经常关注"未病"时的预防保健，可以提高生活质量，可以为国家节省大量的医疗卫生资源。虽然政府反复强调，新医改后我国医疗卫生事业必须从过去重治疗转为以预防为主，提倡在社区进行高血压、糖尿病等慢性病患者的健康管理。但由于缺乏政策支撑，"预防为主"也停留在口号上。今后，基层医疗机构要切实履行起预防工作的职责来，当然同样离不开财政加大对基层医疗机构的补助。

第六节　医疗费用实证分析

一、医疗费用影响因素的研究

当前，世界各国都面临着医疗保险基金支出不断上涨的压力，"看病贵"问题还没最终解决。那么是什么因素带来越发高涨的医疗保险基金支出也激发了学者们的极大研究热情。

徐伟、李静（2013）选取城镇职工基本医疗保险基金支出代表城镇职工医保费用，以人均可支配收入、居民人均医疗保健支出等 8 个指标作为自变量，采用逐步多元回归分析发现，城镇居民人均可支配收入和城镇职工住院人次对城镇职工医保费用有显著影响。张燕等（2012）认为，老年人口抚养比逐渐上升，老龄化的加剧使得医疗保险基金支出压力增大。刘石柱（2012）通过对江苏省镇江市医保中心数据分析认为，医保费用重要影响因素有患者可报费用、药品费用、参保人员的年龄结构和医院级别。王晓林等（2008）分析了新型农村合作医疗保险基金后发现，新农合医保基金影响因素与定点医疗机构的门诊和住院补偿比、参合农民的"道德损害"行为、管理机构的监督有关。周绿林（2014）认为，医疗服务市场的需方和供方是医疗费用的共同决定因素，65 岁以上人口数、政府卫生支出、平均每所医院的业务收入、住院病人人均医药费等是医疗保险基金的重要影响因素。吴爱平等（2005）对高血压、糖尿病和乙肝等慢性病医疗费用研究后认为：年龄、病种、患者单位类别、就医医疗机构、统筹支付金额、账户总额、账户余额对医疗费用有显著性影响。

此外，还有学者将城镇化因素考虑进来，认为按照我国的城镇化速度，加上国家房地产市场去库存、鼓励农民工进城买房和安家落户的政策安排，或许是将来医保基金持续平稳运行的一个潜在重大挑战。徐长生等（2015）采用人均卫生总费用作为医疗费用指标，研究了城镇化、老龄化以及经济发展对我国医疗费用的影响作用后认为城镇化影响最大，老龄化最小。

笔者认为，这种自变量选择过于简单，不能全面反映我国医疗保险基金的影响因素。虽然考虑老龄化因素的文献并不少见，但一些学者建立模型时将全国所有 65 岁以上老年人口比例作为自变量之一，因变量却只选择部分医保基金（如城镇职工医保基金），难免产生偏误。区别于上述研究，本书将动态考虑城镇化和老龄化对医保基金的影响。

二、指标选择及含义

根据数据可得性原则，拟将城镇职工基本医疗保险基金支出、城市居民基本医疗保险基金支出、新型农村合作医疗保险基金三者总和代表我国医疗保险费用,取人均医疗保险基金支出(元)进入模型作为被解释变量。研究时间段选在2004—2014年,缺乏2004—2006年城镇居民医疗保险基金支出数据,数据来自各年的《中国统计年鉴》。选取人均GDP(元)代表经济发展水平,65岁以上人口所占比例(%)代表老龄化速度,城镇化率(%)代表城镇化速度,用卫生机构数(个)、医疗卫生机构住院病人手术人次(万人次)、医院平均住院日(日)、平均每所公立医院医疗收入(万元)、医院住院病人人均医药费用(元)代表医疗机构对医疗保险基金的影响以及性别比(%)共9个指标作为解释变量。人均GDP、65岁以上人口所占比例、城镇化率数据来自《中国统计年鉴》,其余数据来自各年《中国卫生统计年鉴》。

三、实证分析

1. 相关性分析

首先将人均GDP(x_1)、65岁以上人口所占比例(x_2)、城镇化率(x_3)、性别比(x_4)、卫生机构数(x_5)、医疗卫生机构住院病人手术人次(x_6)、医院平均住院日(x_7)、平均每所公立医院医疗收入(x_8)、医院住院病人人均医药费用(x_9)与人均医疗保险基金(y)做Pearson相关分析,结果见表7-2。可见,所有因素与医疗保险基金相关性都较强。

表7-2 医疗保险基金与各影响因素的相关性

影响因素	Pearson相关系数	p值
人均GDP	0.984	0.000
65岁以上人口所占比例	0.99	0.000
城镇化率	0.965	0.000
性别比	−0.916	0.000
卫生机构数	0.903	0.000
医疗卫生机构住院病人手术人次	0.996	0.000
医院平均住院日	−0.993	0.000
平均每所公立医院医疗收入	0.998	0.000
医院住院病人人均医药费用	0.988	0.000

2. 回归分析

将人均医疗保险基金作为因变量，其余作为自变量，采用逐步多元回归分析。与强制多元回归分析法相比，逐步多元回归分析法的最大优势在于将那些对因变量影响不显著的自变量自动剔除，更加准确地判断各个指标对医疗保险基金支出有无影响以及影响程度。自变量进入模型的条件是偏 F 统计量的概率值小于等于 0.05，被剔除出模型的条件是偏 F 统计量的概率值大于等于 0.1。回归过程中，R^2 为 0.997，调整的 R^2 为 0.996，说明模型的拟合优度为 99.6%，自变量能解释 99.6% 的因变量的变化。Durbin-Watson 值接近 2，说明变量之间没有自相关性，模型通过检验。最终回归方程为：$y = -99.025 + 0.069 x_8$，说明只有平均每所公立医院医疗收入对人均医疗保险基金支出有显著影响，其余因素影响不显著。平均每所公立医院医疗收入每增加 100 元，全国平均每人医保基金多支出 6.9 元（详见表 7-3）。

表 7-3 医疗保险基金支出与各影响因素之间的逐步回归分析结果

	非标准化系数	标准化系数	标准误差	t 值	p 值	Durbin-Watson	F 值
常数	-99.025		9.773	-10.133	0.000	1.782	2723
平均每所公立医院医疗收入（元）	0.069	0.998	0.001	52.187	0.000		

四、结果

虽然选取了人均 GDP（x_1）、65 岁以上人口所占比例（x_2）、城镇化率（x_3）等共 9 个指标，逐步回归分析结果却只有平均每所公立医院的医疗收入（x_8）对人均医疗保险基金的影响才有统计学意义。接下来将人均 GDP（x_1）等 8 个自变量分别与平均每所公立医院的医疗收入（x_8）作 Pearson 相关分析，结果见表 7-4。从相关系数及其显著性水平看出，其余因素与平均每所公立医院的医疗收入都有显著的相关性。

表 7-4　平均每所公立医院医疗收入与其余因素相关性

平均每所公立医院医疗收入(x_8)	人均GDP(x_1)	65岁以上人口所占比例(x_2)	城镇化率(x_3)	性别比(x_4)	卫生机构数(x_5)	医疗卫生机构住院病人手术人次(x_6)	医院平均住院日(x_7)	医院住院病人人均医药费用(x_9)
相关系数	0.983	0.990	0.964	-0.904	0.903	0.996	-0.992	0.985
P 值	0.000	0.000	0.000	0.000	0.000	0.000	0.000	0.000

如果再对人均 GDP（x_1）等 8 个因素与平均每所公立医院医疗收入（x_8）做回归分析得结果如下。

$$x_8 = -2321.6 + 0.313 x_1$$
$$(-3.927)(15.986)$$

$$x_8 = -32108 + 4449.79 x_2$$
$$(-17.86)(21.54)$$

$$x_8 = -33410 + 823.1 x_3$$
$$(-9.112)(10.91)$$

$$x_8 = 652458 - 6111.25 x_4$$
$$(6.392)(-6.329)$$

$$x_8 = -71664.8 + 0.085 x_5$$
$$(-5.797)(6.324)$$

$$x_8 = -5583 + 4.237 x_6$$
$$(-14.7)(33.045)$$

$$x_8 = 94786 - 8456.9 x_7$$
$$(24.62)(-22.96)$$

$$x_8 = -11613.4 + 3.08 x_9$$
$$(-10.742)(17.02)$$

以上所有回归方程显著性水平的 P 值都通过检验。由此进一步说明人均 GDP（x_1）等其余 8 个因素确实与平均每所公立医院的医疗收入有显著的共线性关系。

拿卫生技术人才和开展的卫生服务来说，医院从数量上占据医疗卫生机构的半壁江山，汇聚了全国约 60%以上的卫生技术人才，诊疗人次占到医疗卫生机构总诊疗人次的近 50%，实施了全国医疗系统 92%以上的手术，详见表 7-5。

表 7-5　全国公立医院拥有的卫生技术人员、开展的卫生服务占比

年份	医院卫生技术人员占比(%)	医院诊疗人次占比(%)	医院住院病人手术人次占比(%)	年份	医院卫生技术人员占比(%)	医院诊疗人次占比(%)	医院住院病人手术人次占比(%)
2005	55.48	59.24	79.19	2010	58.51	34.94	92.88
2006	55.56	60.2	79.32	2011	59.74	36.02	93.19
2007	56.26	60.11	79.63	2012	60.78	36.9	93.26
2008	57.63	57.62	92.36	2013	61.37	37.49	93.73
2009	57.69	50.45	92.51	2014	61.86	39.07	94.54

注：根据《中国卫生统计年鉴》各年数据整理计算而来。

当然，医院的平均住院日越长，产生的住院费用越高。医院住院病人人均医药费用越高，将直接增加医院的医疗收入。在现行医保报销制度设计下，这些因素都将直接带来医疗保险基金支出的增加。而人均GDP、城镇化率、65岁以上人口比例以及性别比等因素将通过间接影响医院的医疗收入从而影响我国医疗保险基金。可见我国公立医院的医疗收入是医疗保险基金的绝对重要影响因素。

总之，近年来医疗保险基金上涨较快的原因有：人口老龄化及疾病谱的变化；工业化、城镇化、生态环境的改变；经济增长带来人民收入水平提高、对健康的要求得到释放；医疗服务方面，由于政府投入不足，医生开大处方、过度检查等，以药养医现象持续存在且很严重；第三方支付制度的弊端等。综合涉及包括医疗、医保、医药的"三医"因素、社会经济因素及患者因素，最重要的是医疗因素。从实证分析结果看，公立医院的医疗收入直接导致我国医疗保险基金支出不断上涨，而人均GDP、65岁以上人口所占比例、城镇化率、卫生机构数、医疗卫生机构住院病人手术人次、医院平均住院日、医院住院病人人均医药费用及性别比等因素都通过公立医院的医疗收入间接地影响我国的医疗保险基金。控制医疗保险基金增长的态势关键要控制公立医院的医疗收入。当然，控制医疗保险基金不合理增长的最终目的是推动实现医疗保险基金增长与经济社会发展、医保基金运行和群众承受能力相协调，切实维护群众健康权益，减轻群众就医负担，促进医疗行业健康发展。

参考文献

一、期刊文章

[1] 隋学礼. 德国医保筹资制度的改革路径分析——基于人口老龄化和家庭政策视角[J]. 北京航空航天大学学报（社会科学版），2016，29（2）：13-19.

[2] 阎建军. 国际基本医疗保障制度改革趋同：对"第三条道路"的解析[J]. 金融评论，2013（3）：9-24.

[3] 华颖. 德国法定医疗保险谈判机制探析[J]. 中国医疗保险，2013(6)：68-70.

[4] 李珍，赵青. 德国社会医疗保险治理体制机制的经验与启示[J]. 德国研究，2015（2）：86-89.

[5] 华颖. 英国全民医疗服务（NHS）的组织管理体制探析——兼论对中国的启示[J]. 中国医疗保险，2014（3）：67-70.

[6] 李三秀. 日本医疗保障制度体系及其经验借鉴[J]. 财政科学，2017（6）：92-108.

[7] 傅鸿翔. 国外医疗保险基金监督实践与启示[J]. 中国社会保障，2013（2）：76-77.

[8] 徐伟，李静. 我国城镇职工基本医疗保险费用影响因素分析[J]. 劳动保障世界（理论版），2013（4）：39-42.

[9] 潘东颖，茅雯辉，陈文. 杭州与宝鸡两地不同医疗保险参保者医疗费用分析[J]. 中国卫生资源，2015，18（3）：199-202.

[10] 周绿林. 我国医疗费用影响因素及控制路径研究[J]. 中国集体经济，

2014，（19）：30-31.

[11] 申曙光，易沛，瞿婷婷. 社会医疗保险制度整合模式与制度运行效率研究——来自 A 市的微观证据[J]. 金融经济学研究，2014，29(3)：57-66.

[12] 申曙光. 全民基本医疗保险制度整合的理论思考与路径构想[J]. 学海，2014（1）：52-58.

[13] 孙翎. 中国社会医疗保险制度整合的研究综述[J]. 华东经济管理，2013，27（2）：33-37.

[14] 彭浩然. 我国社会医疗保险制度整合的关键问题[J]. 中国医疗保险，2015（3）：20-22.

[15] 王超群. 城乡居民基本医疗保险制度整合：基于 28 个省的政策比较[J]. 东岳论丛，2018（11）：83-92.

[16] 仇雨临，王昭茜. 城乡居民基本医疗保险制度整合发展评析[J]. 中国医疗保险，2018（2）：16-20.

[17] 路云，周茂华. 基于平衡计分卡的社会医疗保险基金运行绩效评价[J]. 劳动保障世界，2013（1）：53-56.

[18] 路云，许珍子. 社会医疗保险基金运行平衡的预警机制研究[J]. 东南大学学报（哲学社会科学版），2012，14（6）：37-39，133.

[19] 黄显官，吕春，余郭莉，等. 社会医疗保险基金长期平衡与安全运行的政策研究[J]. 卫生经济研究，2013（4）：27-32.

[20] 林建，张梦遥. 我国人口老龄化与社会医疗保险基金的平衡对策[J]. 上海经济研究，2016（7）：97-103.

[21] 刘喜华，魏超. 我国社会医疗保险欺诈研究综述[J]. 东方论坛，2013（6）：15-19.

[22] 孙建才. 社会医疗保险欺诈治理的探索与思考——以昆明市医疗保险反欺诈经验为例[J]. 中国医疗保险，2017（12）：26-29.

[23] 李杰，兰巧玲，马士豪. 基于大数据的基本医疗保险参保人欺诈风险评估[J]. 中国卫生政策研究，2018，11（10）：43-50.

[24] 孙菊. 合作治理视角下的医疗保险反欺诈机制：国际经验与启示[J]. 中国卫生政策研究，2017，10（10）：28-34.

[25] 李红娟, 杨菊华. 流动人口城镇职工医疗保险水平的区域差异研究[J]. 人口与社会, 2017（3）: 3-12.

[26] 李乐乐. 我国基本医疗保险支付方式改革研究——基于两个典型案例的探索性分析[J]. 当代经济管理, 2018（3）: 75-82.

[27] 王东进. 进一步深化医保支付改革的再认识——兼议国家医保药品目录准入谈判的启示[J]. 中国医疗保险, 2017（10）: 1-4.

[28] 牛建林, 齐亚强. 中国医疗保险的地区差异及其对就医行为的影响[J]. 社会学评论, 2016, 4（6）: 43-58.

[29] 张鹏. 医疗保险的地区差异及其对就医行为的影响分析[J]. 世界最新医学信息传递（英文版）, 2018, 18（65）: 206-208.

[30] 李克婷. 提高医疗保险基金使用效率的措施建议[J]. 统计与管理, 2017（1）: 95-98.

[31] 左志丹. 提高医疗保险基金使用效率的措施研究[J]. 行政事业资产与财务, 2018（6）: 39-40.

[32] 朱铭来, 奎潮. 效率视角下基本医疗保障和商业健康保险的关系定位[J]. 中国医疗保险, 2011（7）: 66-67.

[33] 杨磊, 雷咸胜. 国内外医疗保险评估指标体系研究综述[J]. 社会保障研究, 2016（3）: 98-104.

[34] 汪红. 医疗保险基金风险预警指标体系探讨[J]. 经济研究导刊, 2011（11）: 101-102.

[35] 申曙光, 瞿婷婷. 社会医疗保险基金收支风险评估研究——基于广东省A市的微观证据[J]. 华中师范大学学报（人文社会科学版）, 2012, 51（6）: 47-55.

[36] 李珍, 赵青. 制度变迁视角下的城镇职工基本医疗保险公平性评估[J]. 北京社会科学, 2014（7）: 31-36.

[37] 陈华, 邓佩云. 城镇职工基本医疗保险的健康绩效研究——基于CHNS数据[J]. 社会保障研究, 2016（4）: 44-52.

[38] 刘丹, 兰庆高. 新型农村合作医疗综合评价指标体系初探[J]. 农业经济, 2006（1）: 59-60.

[39] 孙健, 申曙光. 新型农村合作医疗制度运行质量的评价指标体系设

计[J]. 统计与决策, 2009 (7): 16-19.

[40] 张扬金, 于兰华. 我国新型农村医疗保险政策执行绩效评估的价值维度[J]. 农村经济, 2008 (8): 89-92.

[41] 于大川. 城镇居民医疗保险是否促进了医疗服务利用?——一项对制度运行效果的实证评估[J]. 金融经济学研究, 2015, 30 (5): 117-128.

[42] 郑飞鸿, 丁先存. 基于 DEA 的安徽省基本社会保障投入产出效率评价[J]. 安徽行政学院学报, 2017, 8 (2): 96-102.

[43] 宋占军, 朱铭来. 我国医疗保障体系绩效及其影响因素: 2007—2011[J]. 江西财经大学学报, 2014 (5): 68-77.

[44] 杨玲, 时秒. 中国政府卫生支出健康绩效实证研究——基于2010年省际数据分析[J]. 中国地质大学学报(社会科学版), 2013, 13 (3): 127-133.

[45] 王冰, 赵凌燕. 地方财政医疗卫生支出效率评价体系构建[J]. 山东工商学院学报, 2014, 28 (6): 77-83.

[46] 徐玲, 孟群. 第五次国家卫生服务调查结果之二——卫生服务需要、需求和利用[J]. 中国卫生信息管理杂志, 2014, 11 (3): 193-194.

[47] 徐玲, 孟群. 第五次国家卫生服务调查结果之一——居民满意度[J]. 中国卫生信息管理杂志, 2014, 11 (2): 104-105.

[48] 韩剑辉, 王振. 医疗保险基金控费机制研究[J]. 中国医疗保险, 2014 (2): 16-19.

[49] 马桂峰, 盛红旗, 张婷, 等. 社会医疗保险基金收支平衡与风险评估研究[J]. 中国卫生经济, 2017, 36 (7): 25-27.

[50] 马桂峰, 朱忠池, 仇蕾洁, 等. 城镇职工基本医疗保险基金收支失衡风险预测研究[J]. 中国卫生统计, 2018, 35 (3): 423-425.

[51] 高润国, 马安宁, 盛红旗, 等. 基于时间序列马尔可夫模型的我国城镇职工基本医疗保险基金收支平衡预测研究[J]. 中国卫生经济, 2018, 37 (1): 54-56.

[52] 贾洪波, 赵德慧. 人口老龄化对城镇职工医保基金收支平衡的影响——基于2004—2015年省际面板数据的证据[J]. 上海经济研究,

2017（10）：36-41.

[53] 朱祝霞. 职工医保基金收支平衡的影响因素分析[J]. 中国人事科学，2018（4）：89-95.

[54] 段亚伟. 我国城镇职工医保缴费负担的地区差异研究[J]. 科学. 经济. 社会，2014，32（4）：55-60.

[55] 何平平. 协整分析与误差修正模型——经济增长、人口老龄化与我国医疗费用增长的实证研[J]. 工业技术经济，2006，25(1)：122-125.

[56] 邓大松，杨红燕. 老龄化趋势下基本医疗保险筹资费率测算[J]. 财经研究，2003，29（12）：39-44.

[57] 胡鹏，何源. 基本医疗保险基金收支影响机理及预测——以大连市为例[J]. 地方财政研究，2015（12）：65-72.

[58] 胡鹏. 城镇职工基本医疗保险收支平衡测算及发展策略——以大连市为例[J]. 东北财经大学学报，2015（6）：41-45.

[59] 虞斌. 人口老龄化背景下浙江省城镇职工基本医疗保险基金可持续性研究[J]. 财政研究，2015（6）：30-37.

[60] 王立剑，叶小刚. "十三五"时期城镇职工基本医疗保险统筹基金收支测算[J]. 中国卫生经济，2015，34（9）：25-27.

[61] 齐新业，吴群红，康正，等. 基于 Pro Model 仿真的黑龙江省基本医疗保险收支平衡政策干预模拟研究[J]. 中国卫生经济，2018，37（2）：35-38.

[62] 杨燕绥. "控费"与"服务"并重[J]. 中国社会保障，2014（5）：27.

[63] 沈世勇，李全伦. 论医保基金收支中的承诺兑现——基于制度可持续的视角[J]. 财政金融，2014（1）：51-55.

[64] 沈世勇，李全伦. 医保基金收支平衡制度的演化机理分析——从数量平衡到质量提升[J]. 财政研究，2016（4）：60-70.

[65] 初可佳，李昂. 城镇居民基本医疗保险制度可持续发展研究——基于广东省 A 市数据的分析[J]. 南方金融，2014（2）：77-80.

[66] 杨华，雷党党，井明霞. 新疆兵团某师城镇职工基本医疗保险基金结余水平及控制分析[J]. 中国卫生事业管理，2014（5）：349-351.

[67] 谢明明，朱铭来. 医疗保险对医疗费用影响的门槛效应研究[J]. 江

西财经大学学报,2016(4):57-65.

[68] 罗健,郭文. 我国医疗保险基金面临的问题及对策[J]. 湖南师范大学社会科学学报,2014(4):84-88.

[69] 蓝英,罗秀,李伟. 中国政府卫生支出与财政支出的动态关系研究[J]. 医学与哲学,2015,36(11A):56-59.

[70] 蓝英,柯雄,李伟,等. 我国医疗保险基金支出的影响因素及建议[J]. 中国全科医学,2016,19(12):261-264.

[71] 蓝英. 南充市城市糖尿病患者住院费用影响因素分析[J]. 中国全科医学,2017,20(12):424-428.

[72] 刘石柱,詹长春,周绿林. 医疗保险费用影响因素及控制对策[J]. 中国卫生经济,2012,31(8):33-35.

[73] 陈琳,杨国斌,杨宝林,等. 医疗保险患者住院费用影响因素分析[J]. 解放军医院管理杂志,2010,17(8):739-741.

[74] 李瑱玲,冯国忠. 我国医疗保险基金支出影响因素分析——基于改进GRA模型[J]. 现代商贸工业,2018(7):130-132.

[75] 徐长生,张泽栋. 城镇化、老龄化及经济发展对我国医疗费用影响回归分析[J]. 中国卫生经济,2015,36(6):54-55.

[76] JOHN FENWICK. Managing Local Government[M]. London: Chapman and Hall, 1995.

[77] SAN JAY P. Evaluating Pubic Spending: A Framework for Pubic Expenditure eviews [M]. Bethesda, MD: Congressional Information Service, 1997.

[78] JOSEPH L DIELEMAN, TARA TEMPLIN, NAFIS SADAT, PATRICK REIDY, ABIGAIL CHAPIN, KYLE FOREMAN, ANNIE HAAKENSTAD, TIM EVANS, CHRISTOPHER J L MURRAY, CHRISTOPH KUROWSKI. National spending on health by source for 184 countries between 2013 and 2040[J]. Lancet, 2016(387):2521-35.

[79] ROSENDO SILVA FRANCISCA, SIMOES MARTA, SOUSA ANDRADE JOAO. Health Investments and Economic Growth: A Quantile Regression Approach[J]. International Journal of

Development Issues, 2018, 2（17）, 220-245.
[80] BRIGITTE DORMANT, MATHILDE PÉRON. Does Health Insurance Encourage the Rise in Medicalprices? A Test on Balance Billing in France[J]. Health Economic. 2016（25）:1073-1089.
[81] VICTORIA Y FAN, WILLIAM D SAVEDOFF. The health financing transition: a conceptual framework and empirical evidence[J]. Social Science & Medicine. 2014（105）: 112-121.

二、著作

[1] 王虎峰. 医疗保障制度[M]. 北京：中国人民大学出版社，2011.
[2] 褚福灵. 中国社会保障发展指数报告（2012）[M]. 北京：经济科学出版社，2013.
[3] 沈勤. 我国社会医疗保险基金的偿付与费用控制研究[M]. 上海：上海交通大学出版社，2016.
[4] 周绿林. 我国医疗保险费用控制研究[M]. 江苏：江苏大学出版社，2013.